Besser
Schwimmen
in allen Stilarten

Was Sie in diesem Buch finden

Bewegen im Wasser 7

Eigenheiten des Wassers 8
Der hydrostatische Druck 8
Der statische Auftrieb 9
Die Oberflächenspannung 10
Die Wassertemperatur 11
Der dynamische Auf- und Abtrieb 12
Die Widerstandsarten 13
Die Antriebsmodelle 16
Das Wassergefühl 17
Das »schnelle« Schwimmbecken 17

Die optimale Ausrüstung 18

Hilfsmittel für Technik und Kondition 24

Die richtige Technik 29

Vom Leichten zum Schweren 30
Der richtige Weg! 30
Von der Teilbewegung zur Gesamttechnik 31

Das Brustschwimmen 32
Die langsamste Technik 33
Die Wellentechnik 33
Der Beinschlag 33
Der Armzug 36
Gesamtbewegung und Wasserlage 36
Die Atmung 40
Der Tauchzug 40
Das Tauchen 42
Lernweg Brust-Beinschlag und Atmung 43
Lernweg Brust-Armzug und Atmung 45
Lernweg Brust-Gesamtbewegung 47
Lernweg Tauchzug 47

Das Kraulschwimmen 49
Die schnellste Schwimmtechnik 49
Die Beinbewegung 50
Die Armbewegung 52
Gesamtbewegung und Wasserlage 54
Die Atmung 57
Lernweg Kraul-Beinschlag 58
Lernweg Kraul-Armzug und Atmung 60
Lernweg Kraul-Gesamtbewegung 63

Das Rückenschwimmen 64
Die »gesündeste« Technik 64
Die Beinbewegung 65
Die Armbewegung 67
Gesamtbewegung und Wasserlage 70
Die Atmung 71
Lernweg Rücken-Beinschlag 71
Lernweg Rücken-Armzug und Atmung 73
Lernweg Rücken-Gesamtbewegung 75

Was Sie in diesem Buch finden

Das Schmetterlingsschwimmen 77
- Die Beinbewegung 78
- Die Armbewegung 80
- Gesamtbewegung und Wasserlage 83
- Die Atmung 84
- Lernweg Schmetterling-Beinschlag 85
- Lernweg Schmetterling-Armzug und Atmung 86
- Lernweg Schmetterling-Gesamtbewegung 87

Die Starts 89
- Der Startsprung vom Block 89
- Der Rückenstart 91
- Lernweg zum Startsprung vom Block 94
- Lernweg zum Rückenstart 96

Die Wenden 98
- Einfache Wende, Kippwende 98
- Die Rollwende 101
- Lernweg zur Kippwende 103
- Lernweg zu den Rollwenden 104

Lagenschwimmen und Staffelwettbewerbe 107
- Besonderheiten bei den Stilarten 107
- Staffeln 108

Das Training 111

Trainingsgestaltung 112

Das Training im Wasser 119

Trainingspläne für Einsteiger 129

Das Training an Land 133

Stichwortverzeichnis 158
Über den Autor 159

Bewegen im Wasser

»Schwimmen wie ein Fisch« ist dem Menschen aufgrund seiner anatomischen und physiologischen Voraussetzungen leider nicht möglich. Aber wenn Sie die biomechanischen und physikalischen Besonderheiten des Bewegens im Wasser auszunutzen verstehen, dann werden Sie sich zumindest fühlen wie ein Fisch im Wasser und die Umsetzung der vier Schwimmarten wird Ihnen wesentlich leichter fallen. Ihre Wasserlage und Ihr Wassergefühl werden sich deutlich verbessern und damit letztendlich auch Ihre Technik und Schwimmgeschwindigkeit.

Eigenheiten des Wassers

Viele Wissenschaftler haben sich in den letzten dreißig Jahren dem Phänomen der menschlichen Fortbewegung im Wasser gewidmet. Zum Teil abenteuerlich klingende Annahmen wurden aufgestellt und mangels praktischer Nachweise wieder verworfen. Von renommierten Theoretikern und deren Mitarbeitern entwickelte Thesen sind seit vielen Jahren in der Literatur nachzulesen, deren wissenschaftliche Absicherung steht aber meist noch aus.

Gerade in der Messbarkeit liegt das Hauptproblem der Schwimmtheorie. Im Medium Wasser sind die Messungen bislang nur Simulationen, beispielsweise sind die Ergebnisse des Anteils von Bein- bzw. Armbewegungen am Gesamtvortrieb lediglich Schätzungen. Würde ein Spitzenschwimmer isoliert 50 m Beinschlag in 29 s und 50 m Armzug in 25 s zurücklegen, wie viel Prozent ergäbe das jeweils im Verhältnis der Gesamtbewegung? Ob der Einsatz von Hochleistungscomputern bald mehr Licht in dieses Dunkel bringt?

Als ehemaliger Hochleistungsschwimmer habe ich seit Mitte der achtziger Jahre versucht, jede der vielen aufgestellten Theorien praktisch auszuprobieren. Obwohl ich dabei die lustigsten Verrenkungen gemacht habe, ist mir die Realisierung nur selten gelungen. An starren Maschinen gewonnene Erkenntnisse sind nicht unbedingt auf die Bewegungsgeschwindigkeit und vor allem auf den Körperbau des Menschen übertragbar.

Deshalb möchte ich Ihnen im folgenden Kapitel die Grundlagen für das Bewegen im Wasser so weit vermitteln, wie sie auf unumstößlichen biomechanischen und physikalischen Gesetzen beruhen, sowie einige Anregungen zum Ausprobieren geben. Lassen wir uns von den immer besseren und vor allem genaueren Messmethoden der Wissenschaftler in Zukunft überraschen und überzeugen!

Neben den physikalischen Grundlagen des Schwimmens erkläre ich Ihnen in diesem Kapitel, was Sie bei der Anschaffung einer Schwimmausrüstung beachten sollten.

Der hydrostatische Druck

Sicherlich sind Sie schon einmal so tief getaucht, dass Sie einen mehr oder minder starken Druck auf den Ohren spürten. Bereits ab einer Wassertiefe von gut einem Meter wird dieser an den Gläsern Ihrer Schwimmbrille unangenehm.

Der Druck des Wassers steigt mit jedem Meter Tiefe um ca. 0,1 bar an. Das nun wiederum ist für den Schwimmer (hiermit sind selbstverständlich auch Schwimmerinnen gemeint) normalerweise nicht problematisch, da wir uns meist an der Wasseroberfläche aufhalten. Lediglich bei Rollwenden und nach den Startsprüngen kommen wir in Tiefen mit spürbarem Druck. Sind die empfindlichen Körperhöhlen – zum Beispiel Nasennebenhöhlen, Innenohr, Kieferhöhlen –

Eigenheiten des Wassers

aber krankheitsbedingt oder angeboren verstopft, so dass kein automatischer Druckausgleich mit der Umgebung vollzogen werden kann, werden bereits kleine Tauchausflüge zur Tortur. Versuchen Sie mit zugehaltener Nase und leichtem Pressen von Luft in die Nase, aktiv Druckausgleich zu erzeugen. Sollte Ihnen dies nicht gelingen, so unterlassen Sie bis zur Genesung das Tauchen bzw. Rollwenden und Starts. Eine andere, eher negative Erscheinung des hydrostatischen Drucks ist das Einströmen von Wasser in Mund- und Nasenhöhle. Atmen Sie deshalb gegen den Widerstand des Wassers dauernd leicht durch Mund und vor allem Nase aus, sobald sich Ihr Gesicht unter Wasser befindet. Fällt Ihnen dies durch die Nase schwer – das merken Sie ganz schnell bei Rollbewegungen bzw. beim Gleiten unter Wasser in Rückenlage können Sie eine Nasenklammer benutzen. Manche ungeübte Schwimmer verspüren im Wasser einen Druck auf den Brustkorb, der die Einatmung zu behindern scheint. Durch regelmäßiges Schwimmen gewöhnt man sich bereits nach wenigen Tagen an dieses Druckgefühl.

Der hydrostatische Druck hat aber auch positive Effekte. Er komprimiert die nahe an der Hautoberfläche liegenden Venen. Somit wird das Blut im venösen System besser zum Herzen zurückgedrückt, das Herz muss also weniger arbeiten, es wird entlastet. Bei einer vergleichbaren körperlichen Belastung an Land, zum Beispiel beim Laufen, wäre eine höhere Herzfrequenz notwendig.

Der statische Auftrieb

Auftrieb ist die Kraft, die von unten gegen einen ins Wasser getauchten Körper wirkt. Ihr Körper schwebt dann, wenn Ihr Körpergewicht und das Gewicht der verdrängten Wassermenge gleich groß sind. Ist Ihr Körpergewicht geringer als der Auftrieb, ragen Teile des Körpers (Kopf, Rücken) aus dem Wasser. Ist das Körpergewicht größer als das Gewicht der Wassermenge, die der Körper verdrängt, sinkt der Körper ab. Wir sprechen hier vom spezifischen Gewicht, das im ersten Beispiel geringer, im zweiten größer als das Gewicht des Wassers ist. Wie können Sie Ihr spezifisches Gewicht testen? Legen Sie sich voll eingeatmet aufs Wasser, ziehen Sie die Beine unter den Bauch und umfassen mit den Händen die Unterschenkel. Bleiben Sie unverändert an der Wasseroberfläche, so gehören Sie zum Personenkreis, der sich über den Auftrieb keine Gedanken machen muss. Sinken Sie jedoch wie ein Stein zu Boden, so werden

Das Absinken der schweren Beine

Sie bei unsauberer Schwimmtechnik viel Kraft für den Auftrieb verwenden müssen, die Ihnen für den Vortrieb verloren geht.

Körperschwerpunkt und Volumenmittelpunkt

Wegen des höheren Knochenanteils der Beine (damit verschiebt sich der Körperschwerpunkt, an dem die Schwerkraft »anzieht«, nach unten) und des luftgefüllten Brustkorbs (hier befindet sich normalerweise das größte Volumen, also der »Auftriebskörper«) bleibt der menschliche Körper nur selten als »toter Mann« flach auf dem Wasser liegen. Nach einer kurzen Schwebezeit sacken zuerst die Beine, dann möglicherweise der ganze Körper im Wasser ab. Extreme Sinker – meist Männer mit sehr schwerem Knochenbau – gehen dabei trotz voller Einatmung unter. Frauen und Kinder mit sehr leichtem Knochenbau und einem etwas höheren Fettgewebeanteil zeigen dagegen häufig eine hohe Wasserlage. Hier liegen Körperschwerpunkt (KSP) und Volumenmittelpunkt (VMP) ganz nahe beieinander, so dass die Schwerkraft direkt am größten Auftriebspunkt angreift und da-

durch ein Absinken der Beine verhindert wird. Wenn Ihre Beine zu hoch im Wasser liegen – Ihr Beinschlag verpufft an der Wasseroberfläche, oder Sie ziehen mit den Füßen viel Luft mit ins Wasser –, können Sie mit einem leichten Anheben des Kopfes etwas gegenregulieren.

Hydrostatischer Druck und statischer Auftrieb

Sie kennen vielleicht das Problem, unter Wasser nicht sehr weit tauchen zu können. Nach einigen Metern treibt es Sie wie einen Korken nach oben. Zur Abhilfe tauchen Sie gleich mit dem Startsprung auf ca. 2 m ab. In dieser Tiefe komprimiert der Wasserdruck das Luftvolumen in der Lunge bereits derart, dass der Auftrieb deutlich reduziert ist.

Schwimmen im Salzwasser

Durch die deutlich höhere Dichte des Salzwassers treiben auch Menschen mit ungünstigem spezifischen Gewicht auf und können beinahe Ihre gesamte Kraft für den Vortrieb nutzen. Auch langsames Schwimmen bzw. Schweben wird nun möglich. Bestimmt kennen Sie Bilder vom Toten Meer, in dem der Salzgehalt so hoch ist, dass man in Rückenlage Zeitung lesen kann.

Die Oberflächenspannung

Haben Sie schon einmal auf Teichen Wasserläufer beobachtet, kleine Insekten, die Dank ihrer dünnen, langen Beine den Körperdruck so gut verteilen, dass sie die

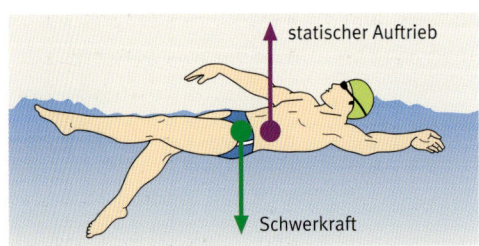

Die Schwerkraft wirkt am KSP, der statische Auftrieb am VMP.

Eigenheiten des Wassers

Oberflächenspannung: die »Glocke«

Durchbrechen der Oberflächenspannung

Oberflächenspannung des Wassers nicht durchbrechen? Mit diesem physikalischen Phänomen sind vermutlich auch Sie schon einmal unangenehm in Berührung gekommen, als Sie mit einem Bauchplatscher ins Wasser gesprungen oder nach einem verunglückten Salto unsanft auf dem Rücken gelandet sind. Beobachten Sie die Kunstspringer, die kerzengerade selbst vom 10-m-Turm bestenfalls spritzerlos ins Wasser eintauchen. Als Schwimmer ist es nicht unsere Absicht, senkrecht einzutauchen, liegt doch unser Ziel am gegenüberliegenden Beckenrand. Mit möglichst wenigen Spritzern ins Wasser zu kommen ist jedoch auch für uns anzustreben. Jedes Spritzen bedeutet für das Vorwärtskommen verlorene Energie. Konkret heißt das, durch richtiges Anstellen und Verändern der Gliedmaßen in der Flugphase zu versuchen, in ein klein gehaltenes Loch einzutauchen. Auch beim Eintauchen der Arme ins Wasser nach der Schwungphase gilt es, die Hände optimal anzustellen, damit das Wasserfassen nicht durch die bremsende Wirkung des Wassers verzögert wird. Ähnliches gilt für den Beinschlag beim Kraul-, Rücken- und Schmetterlingsschwimmen: Heben Sie die Füße nicht zu hoch aus dem Wasser; durch das stark spritzende Aufschlagen mit dem Fußrist auf der Wasseroberfläche geht viel Energie verloren.

Die Wassertemperatur

Üblicherweise finden Sie in Hallenbädern Wassertemperaturen von 25 bis 28 °C vor, wogegen die meisten Sommerbäder etwas niedriger beheizt werden. Es stellt sich die Frage nach der optimalen Wassertemperatur. Diese hängt stark vom angestrebten Ziel ab. Beim Technik- und beim Sprinttraining, die sich beide durch konzentriertes Üben mit relativ langen Pausen auszeichnen, sind höhere Temperaturen bis 28 °C durchaus angenehm. Noch wärmeres Wasser führt dann eher zu einem Abschlaffen der Musku-

latur und dadurch zu einer wenig kraftvollen Ausführung der Schwimmtechnik.
Bei längerem Ausdauertraining dagegen reichen Temperaturen von 25 bis 26 °C aus. Kinder und ältere Personen haben eine andere Thermoregulation als 30-jährige Erwachsene, sie schwimmen bevorzugt in wärmerem Wasser.
Die Wärmeleitfähigkeit des Wassers ist gegenüber der Umgebungsluft um ein Vielfaches erhöht. Dadurch ist der Körper gezwungen, seine Wärmeproduktion anzukurbeln, was zu vermehrter Verbrennung von Energie führt. Ist das Wasser allerdings sehr kühl, sollten Sie gegen den Wärmeverlust, der vor allem über den Kopf geschieht, eine Badekappe tragen (siehe auch »Schwimmen im Freiwasser«, Seite 126).
Insgesamt ist die Beantwortung der Frage nach der idealen Wassertemperatur sehr subjektiv. Sie werden von drei Weltklasseschwimmern wahrscheinlich drei verschiedene Antworten bekommen.

Der Kältereiz

Da das Wasser in Schwimmbädern bzw. offenen Gewässern immer deutlich unter Körpertemperatur – zum Teil 15 Grad und mehr Differenz – liegt, tritt bei jedem Sprung ins Wasser das Phänomen des Kältereizes auf. Dieser Kältereiz bewirkt zunächst eine Erhöhung des Blutdrucks und als Folge ein Absinken der Herzfrequenz. Durch die Kälte stellen sich nämlich schlagartig die Gefäße enger, was zunächst zu einer Erhöhung des Blutdrucks führt. Als Gegenregulation sinken daraufhin die Herzfrequenz und damit auch der Blutdruck wieder ab. Neben einer Beschleunigung des Stoffwechsels führt der Kältereiz zudem zu einer Abhärtung gegenüber Erkältungskrankheiten.

Der dynamische Auf- und Abtrieb

Wenngleich die Möglichkeiten, den statischen Auftrieb ohne Hilfsmittel positiv zu beeinflussen, beinahe gleich null sind, so können doch die extremsten Sinker schwimmen.
Dazu bedarf es des dynamischen Auftriebs, einer Kraft, die erst durch Bewegung bei entsprechender Stellung des Körpers bzw. von Körperteilen gegen die Strömung erzeugt werden kann.
Ein kleiner Test: Stoßen Sie sich vom Beckenrand ab, strecken sich vollständig aus – Ihre Arme gerade über den Kopf, der Kopf zwischen den Armen eingeklemmt, die Zehenspitzen gestreckt – und lassen sich bis zum Stillstand ausgleiten. Das Ergebnis: Auch Personen, deren Beine im Schwebestillstand absinken, können durch dynamischen **Auftrieb** bei hoher Geschwindigkeit parallel zur Wasseroberfläche gleiten. Allerdings nur so lange, bis das Tempo abfällt; dann neigen sich die Beine wieder in Richtung Boden.
Dynamischen Auftrieb erzeugen Sie auch bei entsprechend hoher Schwimmgeschwindigkeit. Gerade hier liegt das Hauptproblem von vielen schwächeren Schwimmern begründet: Um besser im Wasser zu liegen,

Eigenheiten des Wassers

Kopf- und Armsteuerung

müssten diese schneller schwimmen, was Ihnen allerdings nur über eine kurze Distanz möglich ist. Werden sie dann wegen mangelnder Kondition und koordinativer Schwächen langsamer, verändert sich die Wasserlage dramatisch ins Negative. Dies wiederum erhöht den Kraftaufwand sich über Wasser zu halten nochmals und führt bald zum Abbruch des Schwimmens.
Allein durch eine entsprechende Kopfstellung, Hand- bzw. Armhaltung können Sie Auftrieb bekommen. Diesen benötigen Sie nach der Gleitphase des Startsprungs, um die Wasseroberfläche zu erreichen.
Ein weiterer Test: Stoßen Sie sich wiederum in der zuvor beschriebenen Körperhaltung ca. 1 m unter Wasser vom Beckenrand ab, und verändern Sie kurz nach dem Abstoß, nur aus der Schulter heraus, die Stellung der Arme und des Kopfes leicht in Richtung Boden. Somit erzeugen Sie dynamischen **Abtrieb**, der Ihnen unter anderem das Tauchen erleichtert. Ein Beispiel für eine negative Wirkung des Abtriebs dagegen ist das Anziehen der Zehen beim Kraul-Beinschlag. Bei dieser Fußstellung erzeugen die Beine Abtrieb und keinerlei Vortrieb (siehe Abb. Seite 51 oben).

Die Widerstandsarten

Schwimmen zeichnet sich als Sportart aus, bei der man mit Widerständen, aber auch gegen sie arbeiten muss.
Die Form des menschlichen Körpers ist im Vergleich zu der im Wasser lebender Tiere, wie Fischen, Walen oder auch Pinguinen und Robbenarten, von Natur aus nicht gerade sehr strömungsgünstig. Daher müssen wir versuchen, durch entsprechende Haltung von Kopf, Rumpf, Armen und Beinen dem Wasser einerseits wenig bremsenden Widerstand entgegenzustellen, andererseits für den Antrieb große Widerstandsflächen zu bieten (siehe Abb. Seite 14 oben).

Abstoß- oder Abdruckwiderstand.
Dieser Widerstandsart bedarf es, um im Wasser überhaupt vorwärtszukommen. Er ist für den Schwimmer der einzige positive Widerstand. Damit Sie möglichst großen Vortrieb erzielen, sollten Sie die Flächen, mit denen Sie sich vom Wasser abdrücken, möglichst groß halten. In der Praxis bedeutet dies, die Hände lang gestreckt, möglichst immer senkrecht zur Schwimmrichtung zu stellen. Lassen Sie die Finger zwar grundsätzlich geschlossen, kleine Lücken, die zu einer leichten Wirbelbildung des durchströmenden Wassers am Handrücken führen, schaden aber nicht, sondern vergrößern sogar den Abdruckwiderstand.

BEWEGEN IM WASSER

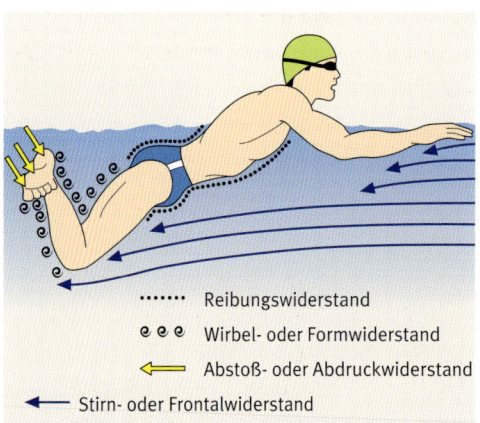

- ········· Reibungswiderstand
- ●●● Wirbel- oder Formwiderstand
- ⇐ Abstoß- oder Abdruckwiderstand
- ← Stirn- oder Frontalwiderstand

Widerstandsarten beim Schwimmen

Da wir uns beim Schwimmen an einer großen Fläche Wasser »verankern« und nicht etwa das Wasser nach hinten wegschaufeln wollen, wäre eine zum »Schöpflöffel« geformte Hand wenig sinnvoll.
Im Training können Sie zur Vergrößerung Ihrer Hände Schwimmpaddles oder Handschuhe mit Schwimmhäuten verwenden. Nun drücken sich bei der Armarbeit nicht nur die Hände vom Wasser ab, sondern auch die Unter- und Oberarme. Lassen Sie deshalb den Ellbogen in der Unterwasserphase, beispielsweise beim Kraulen, relativ hoch, so dass der Unterarm früh gegen die Schwimmrichtung arbeiten kann.
Große Abstoßwiderstände erzeugen Sie mit Ihren Füßen, wenn Sie diese beim Brustschwimmen sauber anziehen und weit nach außen drehen. Dagegen bewirken beim Schmetterlingsschwimmen stark nach innen gedrehte Füße große Abdruckflächen am Fußrist. Eine weitere Vergrößerung erfahren Sie zweifelsohne durch die Verwendung von Flossen.
Nun zu den Widerstandsarten, die es zu verringern gilt, da sie das Vorwärtskommen behindern.
Insgesamt gilt bei den für den Vortrieb negativen Widerstandsarten, dass diese mit zunehmender Schwimmgeschwindigkeit überproportional ansteigen. Für die Schwimmsportpraxis bedeutet dies, dass Sie Ihre Schwimmstrecken möglichst gleichmäßig einteilen sollten, so dass Sie zu Beginn nicht durch zu hohes Tempo unverhältnismäßig viel Energie aufwenden müssen, die Ihnen im späteren Streckenverlauf fehlt.
In engem Zusammenhang muss man den Stirn- oder Frontalwiderstand und den Wirbel- oder Formwiderstand sehen.

Frontal- oder Stirnwiderstand
Er ist der Widerstand, den Sie ganz objektiv spüren, sobald Sie Ihren Körper aus einer stromliniengünstigen in eine schlechtere Position bringen. Sie werden sofort lang-

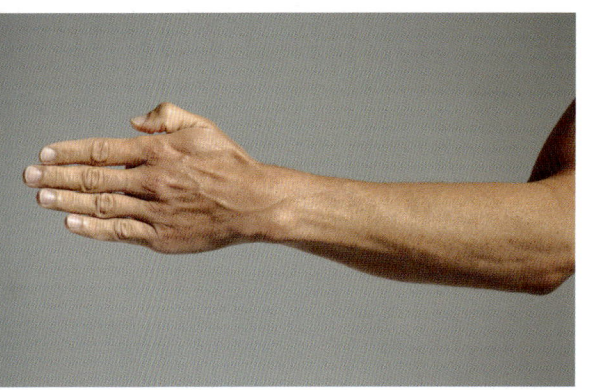

Die »Schwimmer-Hand«

Eigenheiten des Wassers

samer und empfinden zum Teil sogar mehr Wasserdruck auf der Haut, beispielsweise im Gesicht, wenn Sie den Blick zu weit nach vorne richten.
Um diesen Widerstand zu verringern, sollten Sie sich grundsätzlich relativ flach aufs Wasser legen. Damit sind wir allerdings wieder bei der Tatsache angelangt, dass der menschliche Körper eigentlich nicht so gut für das Bewegen im Wasser geschaffen ist. Für den Aufbau guter Abdruckflächen zur Vorwärtsbewegung müssen wir leider häufig eine hydrodynamisch optimale Lage verlassen, um diese aber dann schnellstmöglich wieder – wenn auch nur kurzzeitig – einzunehmen.
Eine weitere Maßnahme gegen den Stirnwiderstand ist das »Schmal-« oder »Langmachen« der Schultern (siehe Abb. Seite 40 unten). Strecken Sie, sobald Ihre Arme unter Wasser nach vorne geschoben werden, Ihre Schultern weit nach oben aus. Neben der Reduzierung dieses Widerstands vergrößern Sie dadurch im Übrigen auch Ihre Abdruckflächen unter Wasser und verlängern somit Ihren Zug.

Wirbel- oder Formwiderstand

Ziehen Sie mit dem Arm durchs Wasser! Sie sehen bereits die bremsenden Verwirbelungen, die am Armrücken durch das umströmende Wasser entstehen. Am Arm ist dieser Sog, wie wir bei den Antriebskonzepten noch sehen werden, eher nützlich. Hinter Ihrem Körper haben diese Wirbel allerdings eine den Vortrieb blockierende Wirkung. Durch entsprechende Wasserlage und Körperhaltung kann der Wirbelwiderstand verringert bzw. vergrößert werden. Grundsätzlich gilt, dass der Nachlauf bei gleich großer Stirnfläche umso geringer ausfällt, je länger und stromlinienförmiger ein Körper ist. Ein Beispiel perfekter Anpassung zeigt die Robbe.
Verhalten Sie sich zur Verringerung des Wirbelwiderstands prinzipiell so wie bei der Verringerung des Frontalwiderstands: Machen Sie sich lang, strecken Sie sich also aus, und versuchen Sie insgesamt möglichst stromlinienförmig zu bleiben. Obwohl durch den Wirbelwiderstand und den daraus folgenden Nachlauf bremsenden Wassers die Schwimmgeschwindigkeit gravierend verlangsamt wird, sehe ich den praktischen Ansatz zur Temposteigerung bei der Reduzierung des Frontalwiderstandes. Diese ist für Sie deutlich am Körper spürbar; die Reduzierung des Nachlaufs merken Sie erst an Ihren Schwimmzeiten.

Wellenwiderstand

Neben den in der Abbildung auf Seite 14 oben dargestellten Widerstandsarten wirkt der sogenannte Wellenwiderstand. Er entsteht, wenn Sie knapp unter der Wasseroberfläche durch Wasserverdrängung gegen die Schwerkraft Wellen erzeugen. Das kostet selbstverständlich Energie. Circa einen Meter unter Wasser ist dieser Widerstand am geringsten. Für die Praxis bedeutet dies, den Tauchzug des Brustschwimmens oder den Schmetterling-Beinschlag bis 15 m nach Start und Wende, wenn möglich in dieser Tiefe durchzuführen.

Reibungswiderstand

Er ist eine für Hobbyschwimmer zu vernachlässigende Widerstandsart, die durch kleine Verwirbelungen an Behaarung, Haut und Schwimmbekleidung hervorgerufen wird. Hochleistungsschwimmer dagegen schenken der Verringerung des Reibungswiderstands in der unmittelbaren Wettkampfvorbereitung viel Beachtung. So rasieren sich die meisten Aktiven mit Sorgfalt die Körperhaare und tragen im Wettkampf Spezialbekleidung mit niedrigen Widerstandswerten. Um den Kopf strömungsgünstig zu gestalten, werden Schwimmkappen getragen oder die Haare zur Glatze geschnitten.

Bei den beeindruckenden Fernsehübertragungen der letzten Schwimmgroßereignisse mag Ihnen bei den Unterwasseraufnahmen vielleicht das Glänzen der Schwimmanzüge und der Haut aufgefallen sein. Dies liegt an feinen Luftbläschen, die sich an der rauen Struktur der Bekleidung sowie an der durch Rasur aufgerauten Haut halten. Dieses Luftpolster vermittelt dem Schwimmer nicht nur das Gefühl, leichter zu sein, sondern treibt den Körper tatsächlich ein wenig auf.

Was dieses Mosaiksteinchen der optimalen Wettkampfvorbereitung an exakt messbarem Zeitgewinn bringt, ist schwer zu sagen. Er dürfte im Bereich von etwa einer Sekunde pro hundert Meter liegen, im Spitzensport sind das Welten, die über Sieg und Niederlage entscheiden können. Erinnern Sie sich bitte später beim Studium der jeweiligen Technikkapitel und vor allem bei der praktischen Umsetzung im Wasser an die diversen Widerstandsarten. Probieren Sie aus, was passiert und was Sie fühlen, wenn Sie mit großen und kleinen Widerständen arbeiten.

Die Antriebsmodelle

Nach dem **Prinzip »actio et reactio«** nach Newton treiben durch **Widerstandskräfte** ermöglichte Bewegungen gegen die Schwimmrichtung den Körper in Schwimmrichtung an. Deutlich und plausibel wird dies am Beispiel des Kraul-Armzugs. Die senkrecht gestellten Handflächen verankern sich im Wasser, durch die Hebelwirkung zieht und drückt der Schwimmer den Körper über die Hand in Schwimmrichtung vorwärts. Die Handfläche zeigt dabei gegen die Schwimmrichtung.

Vortexorientiertes Antriebskonzept
(lateinisch vertex oder vortex = Wirbel, Strudel)

Dieses Konzept nach Ungerechts (1997) geht von zopfartigen Verwirbelungen aus, die im Wasser an Armen und Beinen entstehen. Dabei zieht man sich quasi zu einer unsichtbaren Wand bzw. darüber hinweg.

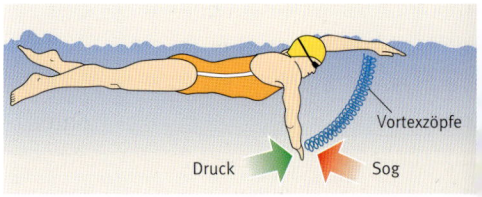

Antrieb durch Druck und Sog

Eigenheiten des Wassers

Das Wassergefühl

Man spricht in Schwimmerkreisen von gutem und schlechtem Wassergefühl. Damit ist das Verankern im Wasser gemeint, also das Bilden eines Widerlagers an Armen und Beinen, von dem man sich abdrücken kann. Rein optisch erkennt bereits der Laie beim Vergleich zweier Schwimmer, wer über das bessere Wassergefühl verfügt: derjenige nämlich mit einer deutlich verringerten Zugfrequenz und damit einem längeren Zugweg bei gleicher Geschwindigkeit.

Durch Erlernen der Schwimmtechniken lange vor der Pubertät, jahrelanges Training und tägliche Koordinationsübungen haben Spitzenschwimmer ihr perfektes Wassergefühl erworben. Dieses verlernt man ebenso wenig wie Radfahren.

Das »schnelle« Schwimmbecken

Was also zeichnet ein schnelles Becken oder Wasser aus? Zum einen sind es gute, wellenbrechende Trennleinen zwischen den Schwimmbahnen, zum anderen der Wasserüberlauf am Beckenrand. Beides sorgt dafür, dass die von den Schwimmern erzeugten Wellen gebrochen – also verkleinert – werden und nicht mehr zurückkommen können. Bei schnellen Becken sollte zudem keine Strömung durch Frischwasserzufluss die Schwimmer behindern. Schnell wird ein Becken auch dann, wenn die Startblöcke und die Wände griffig sind und dadurch gute Starts und Wenden ermöglichen.

Ein wesentlicher Faktor ist die Zusammensetzung des Wassers. Besonders in weichem Wasser ist das »Finden« von großen Abdruckflächen sehr schwer, man hat das Gefühl, leer durchzuziehen. Neben den objektiv feststellbaren Größen gibt es noch eine Reihe von subjektiven Empfindungen, die über die Güte des Beckens entscheiden. Dazu gehören beispielsweise die Beckentiefe, die Temperatur von Luft und Wasser sowie die Raumhöhe in Schwimmhallen.

Wasser ist nicht gleich Wasser!

Es ist ein großer Unterschied, ob Sie in Salz- oder Süßwasser trainieren, ob das Frischwasser mit Chlorzusätzen oder durch Ozon aufbereitet ist. Durch vielfältige Erfahrungen werden Sie bald Ihre Vorlieben entwickeln.

In hartem Wasser werden Sie einen besseren Abdruck finden als in weichem Wasser. In Schwimmbädern mit wenig Wellengang werden Sie sich auf Anhieb wohl fühlen, andere Anlagen – zum Beispiel mit einer sehr hohen Deckenkonstruktion oder tiefem Becken – können Ihnen zunächst eher Unbehagen bereiten. Warmes Wasser nimmt Spannung, kälteres Wasser aktiviert.

Die optimale Ausrüstung

Schwimmen ist eine vergleichsweise preisgünstige Sportart. Neben Eintrittsentgelt für das Schwimmbad und Ausgaben für Schwimmbekleidung sollten Sie aber die Anschaffung einiger Übungs- und Trainingsutensilien nicht scheuen. Diese Hilfsmittel erleichtern Ihre Übungsfortschritte im Techniktraining ebenso wie Ihre Steigerung im konditionellen Bereich. Zudem bringen sie Abwechslung in Ihr Training. Ich stelle einige der wichtigsten Ausrüstungsgegenstände vor und gebe Ihnen wichtige Tipps zum richtigen Einkauf und Gebrauch.
Ein beinahe optimales Angebot an Equipment finden Sie im Rahmen eines jeden Schwimmwettkampfes in Ihrer Nähe. Spezialisierte Shops bieten dort an Ständen die breite Palette von Ausrüstungsgegenständen namhafter Hersteller an.
Bereits für wenig Geld bekommen Sie eine komplette Schwimmausrüstung. Dennoch sollten Sie bei Ihrem Einkauf qualitativ hochwertige Produkte aus dem Fachhandel Billigangeboten aus dem Supermarkt vorziehen.

Schwimmbekleidung

Haifischhaut, Ganzkörperanzug, strömungsgünstig verwirbelnde Stoffstrukturen, dies sind nur einige der Schlagworte, mit denen die Schwimmbekleidungsindustrie in den letzten Jahren versuchte, den Markt anzukurbeln. Zu diesem Zweck wurden futuristisch verpackte Hochleistungsathleten auf internationalen Wettkämpfen an den Start geschickt, je erfolgreicher und auffälliger, desto besser für die Verkaufszahlen. Hat nun tatsächlich auch im Schwimmsport endgültig High-Tech Einzug gehalten? Nun, es gibt bereits seit 25 Jahren hervorragendes Bekleidungsmaterial, lediglich die Schnitte sind wirklich revolutionär geworden.
Wenn man den Anpreisungen der Hersteller Glauben schenken darf, dann läuft das Wasser über die Stoffe tatsächlich besser, also widerstandsärmer, ab als über die

Wettkampfanzug für Frauen und Männer

menschliche Haut. Diese soll zudem in den engen Ganzkörperanzügen derart gestrafft werden, dass auch der Wirbelwiderstand verringert werden kann.

Für den Wettkampfschwimmer
Um diese Bodys im Wettkampf einsetzen zu dürfen, bedurfte es einer großzügigen Interpretation der Wettkampfbestimmungen. Bereits vor den Olympischen Spielen von Sydney legte man den einschlägigen Paragraphen »… es ist keinem Schwimmer erlaubt, ein Hilfsmittel zu benutzen oder zu tragen, das ihm helfen kann, seine Geschwindigkeit, seinen Auftrieb oder seine Ausdauer zu erhöhen…« ausgesprochen generös aus. Die Lobby der Hersteller und vor allem der Medien, die sich von den Ganzkörperanzügen zu Recht höhere Einschaltquoten versprachen, war größer als die der Verfechter der Chancengleichheit. Mittlerweile wurden von Instituten Untersuchungen durchgeführt, die die Wirksamkeit in Frage stellen.
Unabhängig von der tatsächlichen Auswirkung der »Wunderanzüge« sind diese für das tägliche Training ungeeignet. Zum einen sind sie mit ca. 350 € zu teuer und würden bereits nach kurzer Zeit ihre Passform verlieren. Zum anderen sind sie für das Training viel zu unbequem: Wettkampfschwimmer zwängen sich nämlich in Konfektionsgrößen, die meist ein bis zwei Nummern unter der normalen Größe liegen. Zudem hebt sich ein Profi aus psychologischen Gründen den besten Zwirn für den wichtigsten Wettkampf auf.

Für den Freizeitschwimmer
Aber auch bei der »normalen« Schwimmbekleidung gibt es einiges zu beachten. Egal ob Schwimmanzug oder Sportbikini, Slipform oder Radlerhose, tragen Sie, worin Sie sich wohl fühlen. Kaufen Sie die Badebekleidung eher etwas enger, und Sie werden länger daran Freude haben, denn der elastische Anteil der Stoffe wird bei lockerem Sitz durch den Wasserwiderstand ins Flattern gebracht und dadurch schneller ausgeleiert. Achten Sie bei Ihrer Trainingsbekleidung neben der Größe also auch auf einen nicht zu hohen Anteil an Elasthan. Guten Sitz haben Anzüge und Hosen mit Nähten in Richtung des Schritts und über dem Gesäß. Die heute üblichen lockeren Badeshorts sind für ein Schwimmtraining völlig ungeeignet. Mit viel Luft in den Taschen haben sie eher die Wirkung eines Bremsfallschirms bzw. einer Rettungsboje. Eine richtige und vor allem reelle Wasserlage kann darin nur schwerlich erreicht werden. Noch ein Trick, damit das Band an der Hose fester hält: Feuchten Sie es an und schlingen Sie die Enden nicht wie üblich einmal, sondern zweimal umeinander, bevor Sie die Schleife binden.

Schwimmbrille

Sie ist neben Schwimmhose und -anzug das wichtigste Utensil des Schwimmers. Sie dient zum einen als Schutz für die Augen vor chemischen Zusätzen wie Chlor, das in den meisten Schwimmbädern zur

BEWEGEN IM WASSER

Verschiedene Brillenmodelle

Wasseraufbereitung verwendet wird, und vor organischen Wasserbestandteilen in See- und Meerwasser. Zum anderen sorgt eine gut präparierte Brille für klare Sicht über und unter Wasser. Sie stellt damit einen nicht zu unterschätzenden Sicherheitsfaktor dar, zumal Zusammenstöße leichter vermieden werden können.

Um eine gute Sicht zu gewährleisten, muss allerdings das Beschlagen der Gläser verhindert werden. Bei den meisten handelsüblichen Brillen erledigt dies zunächst die bereits vom Hersteller aufgetragene Antifog-Beschichtung. Da diese Beschichtungen nur einige Wochen anhalten, gibt es im Handel Lösungen zum Nachbessern. Die althergebrachte Alternative zum chemischen Antibeschlagmittel ist das Einreiben der Gläserinnenseite mit Speichel. Kurz antrocknen lassen und mit Wasser ausspülen, so sorgen seit Jahrzehnten nicht nur Wettkampfschwimmer für klare Sicht, sondern auch Taucher.

Zum Tieftauchen sind Schwimmbrillen im Übrigen nicht geeignet. Da die Gläser keine Verbindung zu Nase oder Mund haben, kann bei erhöhtem Wasserdruck in größeren Tiefen kein Druckausgleich durchgeführt werden. Die Folge ist schon ab einer Tiefe von 2 bis 3 m ein starker Druck auf die Augäpfel, der zum Platzen von Blutgefäßen im Auge führen kann.

Die richtige Wahl

Wählen Sie die Schwimmbrille nach Ihren persönlichen Bedürfnissen, und verlassen Sie sich nicht »blind« auf Empfehlungen. Entscheiden Sie sich für ein möglichst kleines und widerstandsarmes Modell, wenn Sie häufig vom Startblock springen wollen oder die Teilnahme an Wettkämpfen erwägen. Nehmen Sie ein bequemes, meist größeres Modell, wenn Sie eher in ruhigem Tempo Ihre Bahnen ziehen wollen und dabei auf gute Rundumsicht Wert legen. Unkompliziert sind Modelle mit festem, also nicht verstellbarem Nasensteg, jedoch sind diese nicht für jeden Augenabstand geeignet. Festeren Sitz versprechen Gummi- bzw. Silikonbänder, die doppelt über den Hinterkopf geführt werden. Ziehen Sie dazu die beiden Bänder mit knapp 10 cm Abstand über den Hinterkopf.

Testen Sie das gewünschte Modell im Geschäft vor dem Kauf unbedingt auf seine Passform. Entfernen Sie dazu Ihre Haare vollständig aus dem Gesicht, und drücken Sie die Gläser fest über Ihre Augen unterhalb der Augenbrauen. Ohne das Gummiband über den Kopf zu ziehen, sollten die Gläser kurzzeitig angesaugt halten. Gelingt dieser Test, so dürfte die Brille für Ihre Kopfform geeignet sein und vor dem Eindringen von Wasser schützen. Wenn Ihnen eine Brille ohne Dichtgummi oder mit einer Dichtung aus Silikon nicht zu hart ist, dann ziehen Sie diese den Brillen mit Schaumstoffrändern vor. In den Poren des Schaumstoffs können sich allzu leicht Keime und Pilze ablagern, wenn die Brille nach dem Benutzen nicht richtig austrocknen kann. Beinahe alle Brillen der renommierten Hersteller sind mit 100 % UV-Schutz ausgestattet. Achten Sie unbedingt auf diesen Schutz, wenn Sie Ihre Brille auch beim Schwimmen und Baden im Freibad, im See oder Meer einsetzen wollen. Das reflektierende Wasser verstärkt die schädliche Sonnenstrahlung um ein Vielfaches.

Eine gute Brille ist nicht eine Frage des Preises, die meisten Wettkampfschwimmer gebrauchen die sogenannten Schwedenbrillen für ein paar Euro. Diese sind in einer Art Bausatz erhältlich, so dass alle Einzelteile bei Verschleiß austauschbar sind.
Verzichten Sie für den besseren Sitz der Brille vor dem Schwimmen auf das Benutzen von Gesichtscremes. Die Brillenränder können sich so besser an der Haut ansaugen, weniger bzw. kein Wasser wird eindringen. Um die Gläser nicht zu verkratzen, sollten Sie die Verkaufsbox zur Aufbewahrung verwenden.

Schwimmkappe

In manchen Bädern ist das Tragen von Kappen zur Aufrechterhaltung einer hohen Wasserqualität Pflicht, in anderen vertraut man auf gute Filteranlagen. Aus hygienischen und ästhetischen Gründen sollten lange Haare jedoch »verpackt« werden.
Die meisten Leistungsschwimmer benutzen Schwimmkappen vor allem in Wettkämpfen, damit Haare nicht die Sicht behindern, beim Einatmen in den Mund hängen oder das darüber langsam ablaufende Wasser zum Verschlucken führt.
Zudem schützen Bademützen vor Auskühlung (siehe »Schwimmen im Freiwasser« Seite 126).
Auch hier gibt es große Material- und Qualitätsunterschiede. Mittlerweile werden Mützen aus Silikon am häufigsten verwendet. Dieses Material zeichnet sich bei einem etwas höheren Preis durch eine höhere Reißfestigkeit, hohe Resistenz gegen Chlorwasser und damit eine längere Lebensdauer aus. Silikon hat eine geringfügig dickere Wandstärke als das günstigere Latex, was neben dem Plus in puncto Haltbarkeit, auch zu einer besseren Passform führt. Testen Sie, welcher der leicht unterschiedlichen Schnitte Ihrer Kopfform am besten entspricht. Sie ärgern sich sonst später über das Verrutschen während des Schwimmens. Schwimmkappen aus Stoff kann ich Ihnen nur empfehlen, wenn »Badekappen-Pflicht« besteht und Sie den strafferen Druck von Silikon- oder Latexmützen nicht leiden können. Kaum eine der beschriebenen Funk-

> **Im Bedarfsfall: Ohrenstöpsel**
>
> Im Handel sind verschiedene Ohrenstöpsel erhältlich, die nach unterschiedlichen Prinzipien funktionieren. Eine Art stellen verformbare Pfropfen aus wasserabweisenden Materialien dar, die mit den Fingern etwas vorgeformt und dann in den äußeren Gehörgang gepresst werden. Als zusätzlichen Schutz vor unliebsamem Eindringen von Wasser bzw. dem Verlieren der Pfropfen können Sie darüber noch eine dicke Schicht Vaseline geben.
> Die zweite Art ist nur leicht verformbar und behält nach dem Entfernen ihre ursprüngliche Form. Diese können Sie bei Hals-Nasen-Ohren-Ärzten anpassen lassen.

tionen von Schwimmkappen kann durch die lockeren Stoffmützen erzielt werden, meist hängen Sie nur wie ein nasser Waschlappen am Kopf.

Ohrenstöpsel

Es gibt eine Reihe von Schwimmern, die aufgrund von Krankheiten oder angeborenen Problemen im Innenohr diese Sportart auf ärztliches Anraten zeitweise oder dauerhaft nicht ausüben dürfen. Die Gefahr der Aufnahme von Keimen ist gerade über entzündete Gehörgänge latent vorhanden.

Auch Ohrenstöpsel sind nur bedingt ein Schutz gegen das Eindringen von Wasser. Bei der Verwendung ist äußerste Gewissenhaftigkeit angesagt, damit sie sich nicht nach einigen geschwommenen Bahnen aus den Ohren lösen.

Ich empfehle jedem, der aus gesundheitlichen Gründen Stöpsel tragen muss, als zusätzliche Absicherung eine Schwimmkappe aufzusetzen. Somit ist eher gewährleistet, dass die Ohrenstöpsel in der Ohrmuschel bleiben.

Nasenklammer

Ich empfehle Schwimmern mit diesen Problemen die Anschaffung einer Nasenklammer. Sie schützt vor Eindringen des Wassers in die Nase, vor allem beim Rückenschwimmen, dem Rückenstart und bei den Rollwenden. So mancher Weltrekordhalter verwendet ebenfalls das kleine, nützliche Hilfsmittel.

Kappe, Brille und Nasenklammer

Wie Sie im ersten Kapitel bereits lesen konnten, hat das Wasser die Tendenz, in Körperhöhlen einzuströmen. Durch leichtes Ausatmen durch die Nase während der zuvor beschriebenen Bewegungen kann dies normalerweise verhindert werden. Jedoch ist dies aus anatomischen Gründen nicht allen Menschen in ausreichendem Maße möglich. So haben Personen mit großen Nasenpolypen oder engen bzw. krummen Nasenscheidewänden mit der Ausatmung durch die Nase große Probleme. Die Folge ist das zumeist schmerzhafte Eindringen des Wassers. Nasenklammern bringen hier sofort Abhilfe. Nun sollten Sie nicht mehr durch die Nase ausatmen, sonst verrutscht die Klemme. Nach kurzer Gewöhnungszeit an den leichten Druck werden Sie sich wesentlich befreiter bewegen und sich entspannt an komplexe Bewegungen wie den Rückenstart oder die Kraul-Rollwende heranwagen. Für welches Modell Sie sich entscheiden, ein reines Kunststoffteil oder eines mit Metallbügel, mit oder ohne Befestigungsband, bleibt Ihnen überlassen.

Poolschuhe

Sie schützen vorm Ausrutschen auf glatten Schwimmbadfliesen und sind neben gutem Abtrocknen der Zehenzwischenräume das Mittel zur Vorbeugung gegen Fußpilz. Kaufen Sie die Badeschlappen mit einer leicht flexiblen Sohle und einem festen Obergurt. Wenn dieser innen mit Stoff kaschiert ist oder die Sohle aus feinporigem Schaumstoff besteht, dann sollten Sie unbedingt nach jedem Tragen auf gutes Austrocknen achten. Ansonsten züchten Sie im feuchtwarmen Klima unangenehme Keime und Pilze.

Towel

Diese Art von kleinen Handtüchern ist vor vielen Jahren von den Wasserspringern publik gemacht worden. Um während der Pausen zwischen den Sprüngen nicht zu frieren, haben sie sich mit Fensterledern schnell abgetrocknet. Nach der Benutzung kurz auswinden und schon sind sie wieder bereit für den nächsten Gebrauch. Mittlerweile hat die Industrie Towels aus speziellen Kunstfasern entwickelt. Obwohl die Tücher antibakteriell beschichtet sind, sollten Sie Ihr Tuch regelmäßig waschen bzw. bei längerem Nichtgebrauch austrocknen lassen. Ansonsten werden Sie beim Öffnen der Tasche unter Umständen eine »schimmelige« Überraschung erleben.

Das »Towel« für zwischendurch

Hilfsmittel für Technik und Kondition

Schwimmhilfsmittel sind unverzichtbarer Bestandteil jedes effektiven Trainings. Erhältlich sind sie in gut sortierten Fachgeschäften oder im spezialisierten Versandhandel.

Schwimmbretter

Sie werden in mannigfaltiger, zum Teil auch sehr exotischer Form angeboten. So tauchen am Markt Bretter in Pfeilform auf, mit Grifflöchern, aus Styropor, zum Aufblasen oder aus hartem Gusskunststoff.
Prüfen Sie das Brett auf eine gewisse Steifigkeit, damit es sich nicht verwindet, wenn Sie Ihre Arme stabil auflegen wollen. Modelle aus hartem Kunststoff sind nicht nur wegen ihres hohen Gewichts ungeeignet. Als Spielgerät verwendet, können damit schwere Kopfverletzungen verursacht werden.
Kaufen Sie sich das Schwimmbrett in einer Größe und Materialstärke, dass es gerade das Gewicht der Arme ausgleicht. Das Brett soll nicht vollständig unter Wasser gedrückt werden, aber auch nicht mit Ihren Armen wie eine Insel auftreiben. Es sollte auch nur so lang sein, dass es bei ausgestreckten Armen vor Ihrem Körper Platz hat. Exotische Brettformen, als das Revolutionärste angepriesen und in der Regel sehr teuer, werden Sie mit Sicherheit keinen Schritt schneller in Ihrer schwimmerischen Entwicklung voranbringen.
Für Kinder gibt es spezielle Größen, denn zu voluminöse Bretter bewirken zu viel Auftrieb und sind damit für Kinder nicht mehr richtig zu handhaben.

Pull-Buoy

Dieses Hilfsmittel heißt »Pull-Buoy« und nicht »Pool-Boy«, wie oft fälschlich vermutet wird. Der Ausdruck kommt aus dem Englischen und heißt wörtlich übersetzt »Zieh-Boje«. Den Pull-Buoy klemmen Sie sich normalerweise zwischen die Ober-

Bretter für Kinder und Erwachsene

Der Pull-Buoy für die Armarbeit

Hilfsmittel für Technik und Kondition

Pull-Kick, das »Multitalent«

schenkel. Dort bewirkt er Auftrieb für die Beine, während Sie sich mit den Armen am Wasser vorwärtsziehen. Aus Unwissenheit wird der Pull-Buoy manchmal zwischen den Unterschenkeln gehalten. Diese Position verursacht eine starke Überstreckung in der Lendenwirbelsäule – zu wenig Auftrieb im mittleren Körpersegment, zu viel im unteren –, die nur durch eine sehr gut ausgeprägte Rumpfmuskulatur kompensiert werden kann. Zudem ist der Pull-Buoy dort wesentlich schwerer festzuhalten, rutscht oder wird immer wieder verloren.

Wenn Sie für ein reines Armarbeitstraining Ihre Beine völlig ruhig stellen, kann der Auftrieb eines einzigen Pull-Buoys bei Männern mit schwerem Knochenbau unter Umständen nicht ausreichen. Verwenden Sie dann einen zweiten oder einen mit mehr Volumen.

Bekommen Sie von Ihrem Pull-Buoy wunde Stellen an den Oberschenkelinnenseiten? Dann bewegen Sie Ihre Beine zu viel mit. Etwas Abhilfe können Sie schaffen, indem Sie über den Pull-Buoy einen alten Nylonstrumpf ziehen und die abgeschnittenen Enden verknoten.

Pull-Kick

Im Namen spiegelt sich bereits der Einsatzbereich dieses Geräts wider. Es ist eine Kombination aus Schwimmbrett und Pull-Buoy und kann sowohl zum Armzugtraining, dem »Pull«, als auch zum Beinschlag-

BEWEGEN IM WASSER

training, dem »Kick«, verwendet werden. Viele Wettkampfschwimmer schwören auf dieses Gerät, anderen ist der Auftrieb als Schwimmbrett zu gering oder der Sitz zwischen den Oberschenkeln als Ersatz für den Pull-Buoy nicht gut genug.
Da Sie aber so zwei Geräte in einem haben, eignet sich der Pull-Kick auf jeden Fall für Reisen oder die kleine Sporttasche.

Paddles

Für Schwimmpaddles gibt es grundsätzlich zwei Einsatzbereiche: zum einen als Lernmittel für einen technisch sauberen Armzug, zum anderen als Trainingsmittel beim Armzugtraining.
Beim Lernen bzw. Verbessern der Technik führt eine unsaubere Durchführung des Zugmusters unweigerlich zum Verschneiden der Hand. Somit erhalten Sie unmittelbar Rückmeldung, wenn Ihr Zug technisch grundsätzlich verkehrt ist. Verwenden Sie zur Technikschulung Paddles, die nur einen unwesentlich größeren Umfang haben als Ihre Hand.
Der häufigste Anwendungsbereich für Paddles ist das Kraftausdauertraining im Wasser. Je nachdem, ob Sie eher die Kraft oder die Ausdauer trainieren wollen, sollten Sie die entsprechende Größe wählen. Für mehr Ausdauer und fürs Schnelligkeitstraining nehmen Sie kleinere Paddles. Die Großen legen Sie an, wenn Sie den Kraftanteil erhöhen möchten. Schwimmen Sie aber nicht nur mit großen Paddles. Ihre Züge werden damit zwar immer kräftiger, die Geschwindigkeit dagegen leidet. Die Folge ist, dass Sie ohne entsprechende Zugfrequenz weder sehr schnell noch sehr ausdauernd schwimmen können.

Fingerpaddles

Zur Verbesserung der Stabilität Ihrer Hand gibt es die sogenannten Fingerpaddles (siehe Abbildung).
Ideal wäre es, wenn sich in Ihrer Schwimmtasche also je ein Paar große, normale sowie Fingerpaddles befänden und Sie diese abwechselnd einsetzten.
Ähnlich wie bei den Schwimmbrettern, gibt es bei Paddles mannigfaltige Modelle. In den letzten Jahren haben sich Paddles mit Löchern in der Fläche am Markt durchgesetzt. Sie vermitteln dem Benutzer ein besseres Wassergefühl als Paddles mit

Paddles in allen Größen

Hilfsmittel für Technik und Kondition

Große Flossen und kleine Finnen – für besseren Antrieb und größere Ausdauer

geschlossener Fläche. Ansonsten ist die Form beinahe Geschmacksache. Achten Sie nur darauf, dass die Paddles rundum einer Vergrößerung Ihrer Handfläche entsprechen und nicht nur partiell. So belastet beispielsweise ein großer Fingerüberstand die Handmuskulatur übermäßig, was ebenso zu Krämpfen führen kann wie manche Wölbungen auf den Paddles. Vielleicht können Sie bei Bekannten, beim Schwimmmeister oder in Ihrem Fachgeschäft Paddles zum Testen ausleihen. Einige Formen und Befestigungssysteme entpuppen sich im Training als unbequem oder gar schmerzhaft.

Flossen

Als Lernhilfe vermitteln Flossen bei den Schwimmtechniken mit Ristschlag schwachen Schwimmern erste Erfolgserlebnisse. Die große Fläche des Flossenblattes hilft – neben der Erzeugung guten Vortriebs – den Bandapparat der Füße zu lockern und zu dehnen, was wiederum für den Antrieb ohne Flossen unbedingt notwendig ist. Für das Kraftausdauertraining eignen sich Flossen mit kurzem Blatt besser. Mit diesen »Finnen« kann eine höhere und damit der Wettkampftechnik entsprechende Frequenz erreicht werden.

Die richtige Technik

»Schmetterlingsschwimmen ist mir viel zu anstrengend« oder »meine Luft reicht beim Kraulschwimmen immer nur für eine Bahn«. Diese und viele ähnliche Aussagen, die ich sehr häufig zu Beginn der Ausbildungskurse höre, kommen Ihnen sicher bekannt vor. Damit solche Frustrationen für Sie der Vergangenheit angehören, beschreibt das folgende Kapitel die gebräuchlichen Wettkampftechniken sowie die dazugehörenden Start- und Wendearten und bietet Ihnen dazu gleich eine Reihe von Übungsformen an.

Die richtige Technik

Vom Leichten zum Schweren

»Wozu benötigt man eigentlich eine richtige Technik? Ich will ohnehin »nur« etwas für meine Kondition tun!« Sicherlich kennen Sie auch diese »Kilometerfresser« mit katastrophaler Schwimmtechnik, bei denen einem schon vom Zuschauen die Schultern oder Kniegelenke wehtun. Mit ihren weit ausladenden Bewegungen sind sie der Schreck aller Mitschwimmer auf der Bahn. Zudem schädigen sie sich selbst, indem sie durch eine falsche Technik ihre Sehnen, Bänder und Gelenke hohen Belastungen aussetzen. Mit richtiger Technik dagegen würden sie nicht nur gesünder, sondern auch schneller schwimmen. Wäre die Technik ökonomischer, könnten sie mit demselben körperlichen Einsatz eine längere Strecke bewältigen.

Auf den nächsten Seiten finden Sie zunächst für alle Techniken gültige Übungsanweisungen, daran anschließend werden die Schwimmtechniken, jeweils nach einer kurzen Einführung, in ihren Schlüsselstellen grafisch dargestellt.
Betrachten Sie die Bildreihen, lesen Sie danach aufmerksam den Text, und gehen Sie noch einmal Bild für Bild durch. Nehmen Sie sich den Lernweg vor, und suchen Sie sich aus den vielen Übungen diejenigen heraus, die Ihnen am besten gefallen. Es müssen beileibe nicht alle sein, aber bitte immer von vorne nach hinten; das bedeutet hier, vom Leichten zum Schweren. Sollte sich bei Ihnen ein gravierender Technikfehler eingeschlichen haben, empfiehlt es sich, die entsprechenden Übungen dafür auszuwählen und diese konzentriert zu schwimmen. Halten Sie sich bitte immer vor Augen, dass es länger dauert, Fehler auszumerzen, als sich Fehler anzugewöhnen. Unter Umständen heißt es dann auch für Sie, wieder ganz von vorne zu beginnen und die Technik komplett neu zu erlernen.
Die dargestellten Reihen stellen nur eine Sammlung ohne Anspruch auf Vollständigkeit dar. Es gibt mit Sicherheit noch viele andere Übungen, die ebenfalls zum Erfolg führen.

Der richtige Weg!

Das Neulernen einer Technik geht im Regelfall folgenderweise vonstatten: Nach dem Studium der Literatur und dem mehrmaligen Ausprobieren erreichen Sie zunächst die Grobform. Die Zielform ist hierbei zwar bereits erkennbar, die unten beschriebenen Bewegungsmerkmale – Umfang, Tempo etc. – weisen aber noch größere Mängel auf. Nach einer weiteren Zeit des Übens – idealerweise mit einer beobachtenden und korrigierenden Begleitperson – erreichen Sie die Feinform. Können Sie die Technik auch unter schwierigen Bedingungen anwenden, zum Beispiel am Ende einer Trainingseinheit, bei Wellengang oder im Wettkampf, dann haben Sie den Zustand der Automatisierung erreicht. Ihr Kopf wird frei von Gedanken über die Technikdurchführung, und Sie können diese auf die richtige Trainings- oder Wettkampfgestaltung lenken.

Von der Teilbewegung zur Gesamttechnik

Die meisten Schwimmbewegungen haben wenig Verwandtschaft mit Bewegungen aus der Alltagsmotorik oder gar anderen bekannten Sportarten, sodass es einer Reihe von Übungsformen bedarf, um sie zu erlernen. Die Schwimmtechniken mit der Koordination von Arm-, Bein-, Körperbewegung und Atmung sind zu komplex, als dass man sie auf Anhieb ausführen könnte. Es hat sich in der Praxis bewährt, nach einem Ausprobieren der Zielform zunächst die Teilbewegungen zu erlernen, um diese später zur Gesamttechnik zusammenzufügen.

Jede Bewegung lässt sich mit einigen Merkmalen beschreiben, die Ihnen auf dem Lernweg zur richtigen Technik Rückmeldung über Erfolg oder Misserfolg geben:

- der **Umfang**, zum Beispiel: Wie weit vor dem Kopf tauche ich beim Kraulschwimmen die Hand ins Wasser?
- das **Tempo**, zum Beispiel: Lasse ich mir beim Kraulen genug Zeit zum Wasserfassen?
- der **Krafteinsatz**, zum Beispiel: Ist der Armzug meines Brust-Tauchzugs wirklich der kräftigste von allen Techniken, die ich beherrsche?
- der **Bewegungsfluss**, zum Beispiel: Mache ich beim Rücken-Armzug noch eine Pause neben der Hüfte, oder gelingt mir bereits der flüssige Bewegungsablauf?
- der **Rhythmus**, zum Beispiel: Zeigt mein Kraul-Armzug über und unter Wasser ein ausgewogenes Verhältnis von Anspannung und Entspannung?
- die **Genauigkeit,** zum Beispiel: Wie exakt kann ich einen Schmetterling-Armzug ausführen?

Meine Tipps

- Versuchen Sie, gleich zu Beginn einmal die Gesamttechnik auszuführen, und gehen Sie dann zu den Teilbewegungen über.
- Üben Sie Armbewegungen zunächst an Land, dann im brusttiefen Wasser.
- Beginnen Sie jede Armbewegung langsam, und steigern Sie im Verlauf des Zuges das Tempo.
- Ihr Partner darf Bewegungen nur unterstützen, nie blockieren!
- Setzen Sie bei Teilbewegungen zur Erleichterung Hilfsmittel wie Schwimmbrett oder Pull-Buoy ein.
- Lassen Sie sich auf Video aufnehmen, und vergleichen Sie die Standbilder mit den Bildern des Buches.

Das Brustschwimmen

Das Brustschwimmen ist die gebräuchlichste Freizeitschwimmtechnik in Mitteleuropa. Beinahe jedem Anfänger wird das Schwimmen über diese Technik vermittelt. Rasche Erfolgserlebnisse und die Möglichkeit, den Kopf jederzeit zur Ein- und Ausatmung über Wasser halten zu können, machen das Brustschwimmen bei Jung und Alt beliebt. Meist bleibt es daher bei diesem Anfängerstil, nur selten sieht man bei Hobbyschwimmern die moderne sportliche Brustschwimmtechnik.

Um olympische Medaillen wird im Brustschwimmen seit 1904 gekämpft. Die ursprüngliche Technik, die der heutigen in den Grundzügen bereits ähnelte, wurde durch Ausnutzen des zu Mitte des 20. Jahrhunderts freieren Regelwerks stark verändert. So hat sich beispielsweise durch das Vorwerfen der Arme über Wasser das Schmettern entwickelt, mit dem Ersetzen des Brust-Beinschlags durch einen beidseitigen Ristschlag das Delphinschwimmen. Die alten Weltrekorde wurden somit pulverisiert. Die Trennung in die beiden Disziplinen Brust- und Schmetterlingsschwimmen war die logische Folge. Eine weitere Regeländerung unterbindet bis heute das Tauchen über mehr als einen Schwimmzyklus nach dem Start und jeder Wende, sehr zum Wohl der Zuschauer, welche die Wettkampfschwimmer sonst erst ein paar Meter vor der Wende zu Gesicht bekommen würden.

Der kräftige Armzug des modernen Brustschwimmens

Die langsamste Technik

Die im Folgenden zitierten Regeln tragen dazu bei, dass das Brustschwimmen mit Abstand die langsamste der vier Wettkampftechniken ist. »Alle Bewegungen der Arme (und Beine) müssen gleichzeitig und in der gleichen waagerechten Ebene ausgeführt werden. Die Hände müssen auf, unter oder über der Wasseroberfläche zurückgebracht werden und von der Brust aus gleichzeitig an, unter oder über der Wasseroberfläche vorwärts gebracht werden. Die Ellbogen müssen dabei unter Wasser bleiben… Bei jeder Wende und am Ziel muss der Schwimmer mit beiden Händen gleichzeitig anschlagen.« Eine Rollwende wie beim Kraulschwimmen wird dadurch praktisch ausgeschlossen.

Die Wellentechnik

Im Rahmen dieses engen Regelwerks hat sich in den letzten 20 Jahren im Wettkampfbereich aus der Gleittechnik die sogenannte Undulationstechnik, zu deutsch »Wellentechnik«, entwickelt. Hier wird durch eine schnelle Aneinanderreihung von Armzug und Beinschlag in Verbindung mit einer delphinähnlichen Körperwelle unter anderem eine Verringerung der Antriebspausen und somit eine höhere Geschwindigkeit erreicht. Mit dieser Entwicklung hat das Brustschwimmen deutlich an Dynamik gewonnen. Ich stelle Ihnen auf den folgenden Seiten eine moderate Variation der Undulationstechnik vor, an die Sie sich auch als Hobbyschwimmer durchaus wagen können.

Der Beinschlag

Der Brust-Beinschlag eines Wettkampfschwimmers unterscheidet sich vom Beinschlag eines Ungeübten. Während der Anfänger die Beine mechanisch nach Art eines Frosches bewegt – sie also unter dem Bauch anzieht, explosionsartig streckt, um sie dann wieder zusammenzuführen –, benützt der sportliche Schwimmer die Schwunggrätsche.

Die vorbereitende Phase
Die Ausgangslage zeigt in Hüft-, Knie- und Fußgelenken lang gestreckte Beine (Seite 34). Die Füße sind dabei geschlossen und bis in die Zehenspitzen gestreckt (1). Nun beginnt das Anfersen der Unterschenkel, ein Anziehen der Fersen nah an das Gesäß. Dabei werden die Knie gebeugt und je nach Beweglichkeit geöffnet (2). Gute Beinschlagschwimmer öffnen nur hüftbreit, andere dagegen kommen mit einer wesentlich weiteren Öffnung besser zurecht – zu schmal führt zu Kniebeschwerden, zu weit verhindert den vortriebswirksamen schnellen Beinschluss.
Während der Annäherung an das Gesäß beugen sich auch die Fußgelenke, sodass die Füße bis zum Ende des Anfersens immer in Richtung Wasseroberfläche zeigen. Hier müssen wir kurzzeitig zwischen dem

DIE RICHTIGE TECHNIK

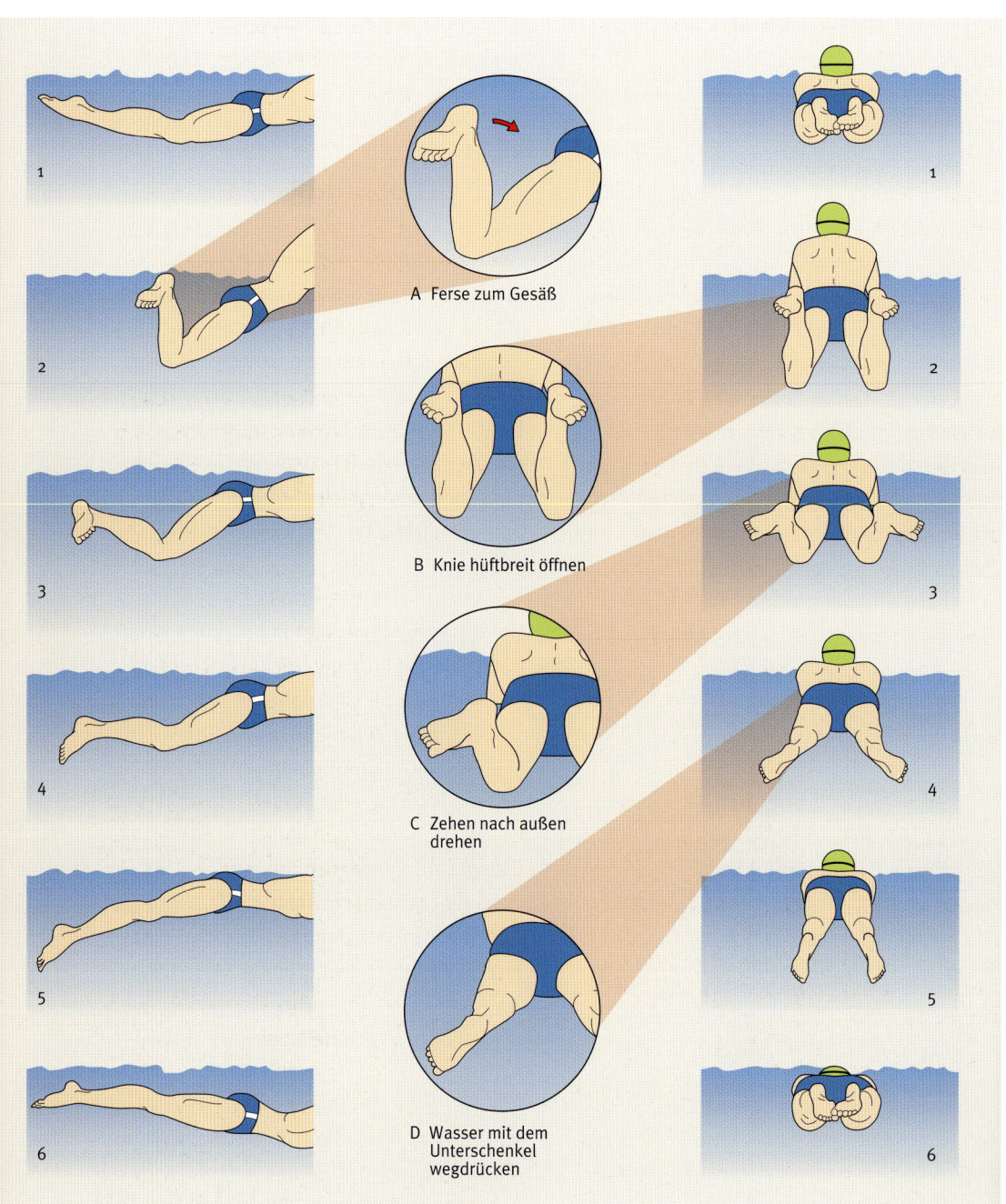

Der Brust-Beinschlag in seinen Schlüsselpositionen

Das Brustschwimmen

Beinschlag der Gesamttechnik Undulation und dem Beinschlag beim Trainieren am Schwimmbrett bzw. der vereinfachten Basis-Brusttechnik mit wenig Amplitude differenzieren. Während der Rumpf-Oberschenkel-Winkel bei der Undulationstechnik durch das weite Herausheben des Oberkörpers zwischen 130° und 160° – und damit sehr widerstandsarm – bleiben kann, müssen beim Schwimmen am Brett bzw. bei der Freizeittechnik, bedingt durch die flachere Wasserlage, die Knie mit mehr Widerstand unter den Bauch angezogen werden. So liegt der Winkel im Hüftgelenk hier zwischen 100 und 130°. Andernfalls würden die Füße die Wasseroberfläche durchbrechen. Danach folgt das Ausdrehen der Füße (Seite 34, 3). Dies soll wiederum möglichst weit geschehen und bevor sich die Unterschenkel auswärts bewegen.

Die Antriebsphase

Hüft-, Knie- und Fußgelenke werden, zunächst langsam beginnend, später immer schneller gestreckt, sodass die Füße auf einer Kreisbahn von innen nach außen und wieder nach innen geführt werden (3 bis 6). Im Verlauf dieser Schwunggrätsche drücken sich die Innenseiten der Unterschenkel und Füße vom Wasser ab. Ebenso trägt der Abdruck von der Fußsohle zum Vortrieb bei. Die Hüfte nähert sich mit dem Beinschluss wieder der Wasseroberfläche (5). Mit dem Zusammenschluss und Strecken

1 Fehler: Die Stoßgrätsche
2 Fehler: Die »Schere«
3 Fehler: Starkes Anhocken unter den Bauch
4 Fehler: Der doppelte Ristschlag

beider Füße geht die Antriebsphase in die vorbereitende Phase des nächsten Beinschlags über (6).

Der Armzug

Aus dem Armzug von früher – dem scheinbar mehr die Aufgabe zukam, das Heben des Kopfes zur Atmung zu unterstützen, als Vortrieb zu erzeugen – hat sich in den vergangenen 20 Jahren eine ausgesprochen kraftvolle Armbewegung entwickelt. Neben dem weitaus höheren Krafteinsatz fällt besonders die größere Bewegungsweite auf.

Die vorbereitende Phase
Laut Wettkampfbestimmungen werden die Hände und Arme an oder knapp über der Wasseroberfläche nach vorne geschoben. Die Handflächen zeigen zunächst vor der Brust leicht zueinander (Seite 37, 5), werden dann im Laufe der Armstreckung auswärts gedreht (6) und haben dabei eine Funktion vergleichbar mit den Flügeln eines Tragflächenbootes. Die Schultern werden noch über Wasser weit vorgeschoben, um den Widerstand des Körpers zu verringern. Die Arme sind lang vorgestreckt, die Finger geschlossen, aber nicht verkrampft.

Antriebsphase
Die nach außen gedrehten Handflächen weisen mit der Kleinfingerseite nach oben. Die Arme ziehen knapp unter der Wasseroberfläche gestreckt nach außen, die Handgelenke knicken dabei langsam ab. Gehören Sie zu den kräftigeren Schwimmern, kann dies bis zur doppelten Schulterbreite reichen, ansonsten etwas weniger. Dies ist die Schlüsselphase aller Schwimmtechniken, das »Wasserfassen«. Dabei »verankern« sich die Hände im Wasser, um den Körper gleichsam über diesen Ankerpunkt hinwegzuziehen. Dieser bislang eher gemächlich durchgeführten Teilbewegung folgt nun eine der schnellsten und dynamischsten Bewegungen im Schwimmsport. Drücken Sie auf einer Viertel-Kreisbahn Ihre Hände kraftvoll nach schräg rückwärts und abwärts bis vor die Brust herein (3). Stoppen Sie diese schnelle Bewegung hier nicht ab, sondern lassen Sie sie harmonisch in die weite Armstreckung auslaufen (5). Die Handflächen bilden dabei wieder die oben beschriebene Tragflächenform. Ein Nach-oben-Drehen der Handflächen am Ende des Hereindrückens, wie es bei Wettkampfschwimmern manchmal zu beobachten ist, hat keinerlei nachweisbare positive Auswirkungen, sondern stellt lediglich eine persönliche Variante dar.

Gesamtbewegung und Wasserlage

Die Lage des Körpers im Wasser zeichnet sich im Vergleich mit den stabilen Disziplinen Kraul- und Rückenschwimmen durch große Unterschiede aus. Das Spektrum reicht von stark aufgerichtet bis horizontal zur Wasseroberfläche. Diese extremen Wechsel sind Kennzeichen der Undulations-

Das Brustschwimmen

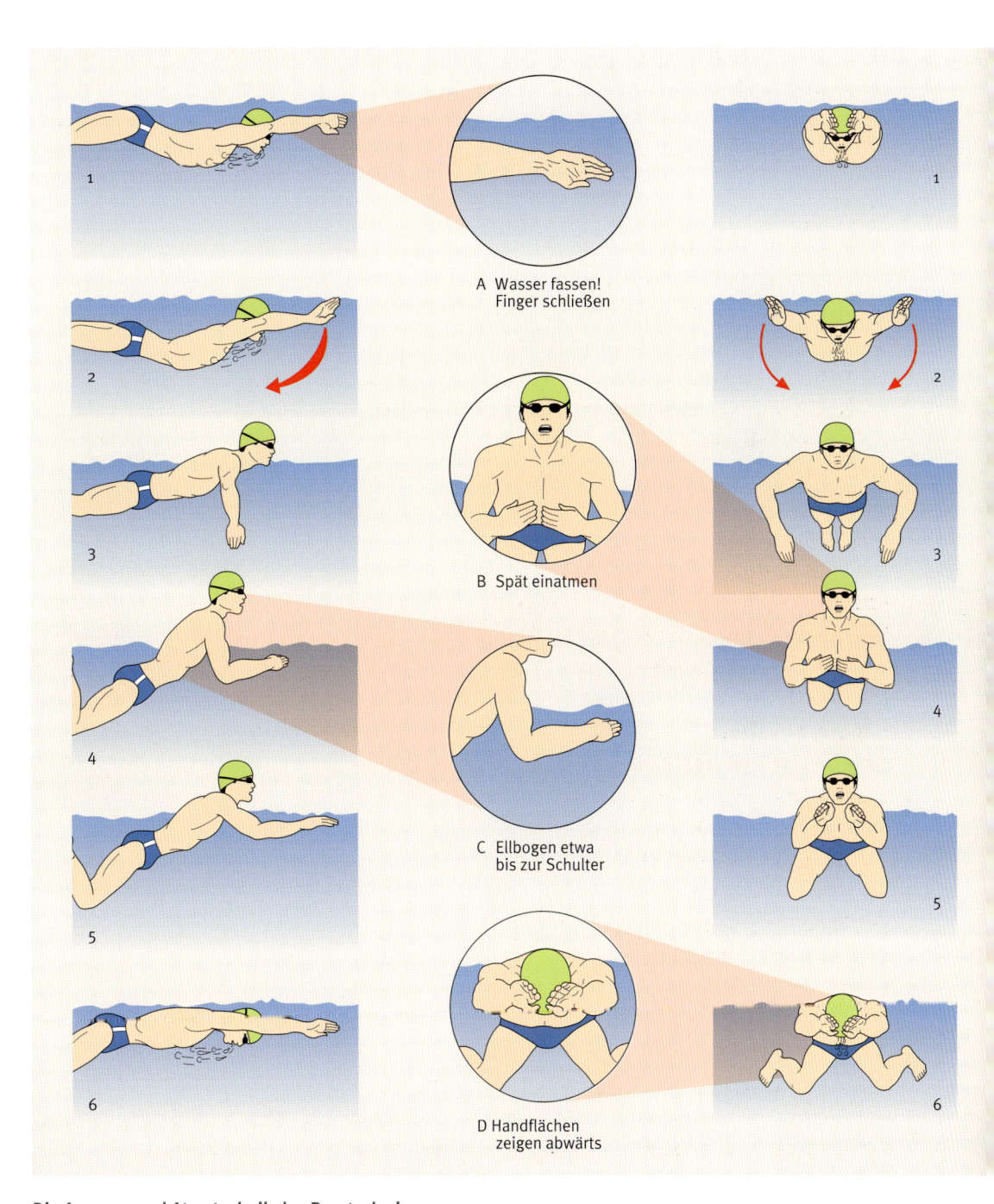

A Wasser fassen! Finger schließen

B Spät einatmen

C Ellbogen etwa bis zur Schulter

D Handflächen zeigen abwärts

Die Armzug- und Atemtechnik des Brustschwimmens

37

DIE RICHTIGE TECHNIK

1 Fehler: Gestreckte Arme zu weit hinten

2 Fehler: Arme und Hände viel zu tief

3 Fehler: Ellbogen und Hände zu weit hinten

oder Wellentechnik. Die hier im Buch beschriebene Variation, die als Überlappungstechnik bezeichnet wird, ist auch für den ambitionierten Freizeitschwimmer gut erlernbar. Sogar einige der derzeit weltbesten Brustschwimmer bevorzugen diese Technikvariante.

Um den Geschwindigkeitsabfall in einem Zyklus, also zwischen Armzug und Beinschlag, möglichst gering zu halten, müssen Sie den Beinschlag zeitlich gesehen relativ nah am Armzug durchführen. So werden die Beine bereits angezogen, während die Arme vor der Brust hereingedrückt werden (Seite 39, 2, 3). Die Beinstreckung erfolgt kurz vor der vollständigen Armstreckung (4). Da sich der Oberkörper in diesem Moment noch in einer Position an der Wasseroberfläche befindet, können Sie sich widerstandsarm **über** die Bugwelle vor Ihrem Körper schieben. Erfolgt der Beinschlag zu spät, dann tauchen Sie erst ab und schieben mit dem Beinschlag **gegen** die Welle. Achten Sie aber darauf, dass sich beide Antriebskomponenten nicht überlappen, das heißt, dass der Beinschlag nicht zu früh ausgeführt wird. Die daraus resultierende Vortriebspause durch die folgende zeitgleiche Ausholbewegung aller Extremitäten würde den Vorteil der geringfügig höheren Beschleunigung sofort zunichtemachen. Wie erkennen Sie nun den richtigen Zeitpunkt für den Einsatz der Beine? Stellen Sie sich vor, Sie heben sich mit dem Armzug auf einen kleinen Berg und schieben sich mit dem unmittelbar folgenden Beinschlag wieder ins Tal hinunter. Die extreme Form

Das Brustschwimmen

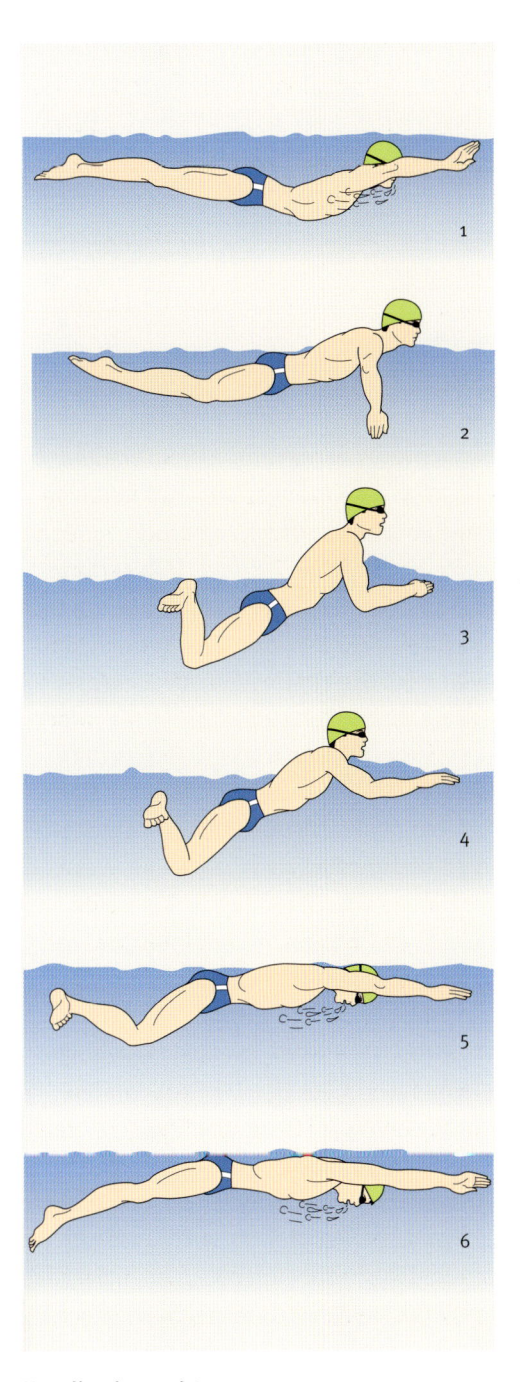

Koordination und Atmung

1	Fehler: Beinschlag zu früh
2	Fehler: Beinschlag zu spät
3	Fehler: Viel Widerstand durch steile Lage

der Wellentechnik zeichnet sich durch ein tieferes Abtauchen mit einer starken Überstreckung der Lendenwirbelsäule aus. Testen Sie die für Sie günstigere Variante, und bedenken Sie: Je weniger hoch Sie mit dem Oberkörper aus dem Wasser kommen, desto kleiner muss der Hüftwinkel beim Beinschlag werden.

Die Atmung

Die Einatmung durch den Mund erfolgt während der Druckphase des Armzuges, das heißt, wenn die Hände vor der Brust hereingedrückt werden. Zu diesem Zeitpunkt verlässt auch Ihr Mund durch das Herausheben des Kopfes das Wasser, und unbehindertes Einatmen ist möglich (Seite 39, 2 bis 4). Sobald Ihr Gesicht wieder ins Wasser taucht, lassen Sie zunächst leicht

Frühatmung – eine antiquierte Technik

Luft aus Mund und Nase ausströmen, damit kein Wasser in die Gesichtshöhlen eindringen kann. Im weiteren Verlauf – bis zum erneuten Herausheben des Gesichts – müssen Sie die Restluft kräftig ausatmen (1). Diese Atmung wird als Spätatmung bezeichnet, weil die Einatmung beim modernen Brustschwimmen erst am Ende der Vortriebsphase durchgeführt wird, ganz im Gegensatz zur früher üblichen Technik mit »Frühatmung«, zu Beginn des Armantriebs.

Der Tauchzug

Unter dem Tauchzug versteht man einen ganzen Schwimmzyklus, also Armzug und Beinschlag unter Wasser, den das Regelwerk nur nach Start und Wende einmal zulässt. Die Armbewegung des Tauchzugs ist die kraftvollste aller Schwimmtechniken und vermag das hohe Tempo nach dem

Die Spätatmung nach der Druckphase

Das Brustschwimmen

1 – 8 Der Brust-Tauchzug nach Start und Wenden aus der Unterwasserperspektive

41

Wandabstoß beinahe aufrechtzuerhalten. Nach dem Abdrücken mit den Beinen von der Wand, gleiten Sie mit stromlinienförmiger Körperhaltung, bis Ihre Geschwindigkeit auf Schwimmtempo absinkt (Seite 41, 1). Jetzt erfolgt in ca. 1 m Tiefe ein nach dem Wasserfassen extrem kräftig durchgeführter Armzug, der dem Schmetterling-Armzug ähnelt (2) und bei dem Sie beide Arme unter Brust und Bauch hindurch bis neben die Oberschenkel ziehen (3). Das Zugmuster gleicht einem Schlüsselloch. In dieser Position, bei der die Arme am Körper anliegen, die Schultern widerstandsarm nach oben gezogen werden und der Kopf in Verlängerung des Rumpfes gehalten wird, gleiten Sie wiederum, bis das Tempo Schwimmgeschwindigkeit erreicht. Nun bringen Sie die Hände im Körperschatten nach oben (4). Das Anfersen der Füße zum folgenden Beinschlag beginnt etwa, wenn die Hände den Bauchnabel erreicht haben. Mit der vollständigen Armstreckung treibt der Beinschlag den Körper weiter voran (5). Die Hauptschwierigkeit des Tauchzugs liegt im Timing. Das bedeutet in der richtigen zeitlichen Aufeinanderfolge der Teilbewegungen, unter Ausnutzung der Gleitphasen und dem richtigen Übergang zur normalen Brustschwimmtechnik. Der Regel entsprechend, muss der Kopf die Wasseroberfläche mit der weitesten Öffnung des zweiten Armzugs durchbrechen (6). Ideal wäre ein stetig langsames Ansteigen, nicht etwa ein steiles Hochschießen wie ein Korken. In Verbindung mit einem Delphin-Kick überwinden Spitzenschwimmer 10 m und mehr.

Vorsicht: Schwimmbad-Blackout

Atmen Sie vor dem Weittauchen nicht öfter als 6- bis 7-mal tief ein und aus, mehr führt ohnehin zu keiner nennenswerten Leistungssteigerung. Bei starker Hyperventilation kann der Kohlendioxidgehalt im Blut so weit reduziert werden, dass die »Messfühler« im Körper für den richtigen Zeitpunkt zum Einatmen erst dann reagieren, wenn dem Körper bereits nicht mehr ausreichend Sauerstoff zur Verfügung steht. Der Sauerstoffmangel im Gehirn kann zu plötzlicher Bewusstlosigkeit und damit zum Ertrinken führen. Leider passiert dieser Schwimmbad-Blackout ohne spürbare Anzeichen.

Das Tauchen

Effektives Tauchen entspricht im Prinzip einer Aneinanderreihung von vielen Tauchzügen. Ein paar Tipps: Atmen Sie vorher 6- bis 7-mal tief ein und aus, und halten Sie mit dem letzten Einatmen die Luft an. Tauchen Sie mit ruhigen, kräftigen Zügen. Lassen Sie Ihren Blick zum Boden gerichtet, schauen Sie nicht nach vorne zum Ziel. Wenn Sie schon zu Beginn auf eine Tiefe von 1,50–2 m gehen, werden Sie nicht gleich an die Oberfläche getrieben.

Lernweg Brust-Beinschlag und Atmung

Zum Einstieg
Die ersten Übungen sind eher statisch und dienen dazu, das relativ komplizierte Bewegungsmuster in seinen Grundzügen zu verinnerlichen.

- Setzen Sie sich an Land auf Ihr Handtuch, und stützen Sie den Oberkörper auf Ihren Armen nach hinten ab. Halten Sie nun die bis in die Zehenspitzen gestreckten Beine geschlossen. Während Sie die Fersen langsam über den Boden in Richtung Gesäß bewegen, werden Fußgelenke und Zehen ebenfalls gebeugt bzw. angezogen. Drehen Sie nun die Füße erst auswärts, bevor Sie die Füße in einer kreisförmigen Bewegung wieder bis zur Streckung zusammenführen. Führen Sie die Übung langsam und konzentriert durch.
- Im Sitz am Beckenrand stützen Sie die Arme hinten ab, die Fersen sind im Wasser an der Beckenwand. Führen Sie die Beinbewegung weiterhin langsam durch, wobei die Fersen beim Anziehen an der Wand entlang geführt werden.
- Legen Sie sich mit dem Bauch so auf den Beckenrand, dass sich Ihre Beine unter Wasser befinden, und wiederholen Sie die Grobform des Beinschlags. Sie sehen nun das erste Mal Ihre Bewegung nicht und können sich deshalb schlecht selbst korrigieren. Nehmen Sie zur Kontrolle die visuelle Hilfe eines Partners in Anspruch.
- Im nächsten Schritt versuchen Sie im Liegestütz bäuchlings auf einer Einstiegstreppe oder im sehr flachen Wasser die Beinbewegung mit etwas mehr Krafteinsatz. Wenn alles nach Plan verläuft, sollten Sie hierbei bereits so starken Vortrieb spüren, dass Sie sich mit den Armen dagegenstemmen müssen. Dann können Sie die nächste Übung überspringen und mit den Aufgaben im freien Wasser weitermachen.
- Empfinden Sie noch kein Antriebsgefühl? Dann lassen Sie sich vom Partner am Schwimmbrett durchs Wasser ziehen, während Sie den Beinschlag üben. Achten Sie besonders auf langsames Anziehen und Auswärtsdrehen sowie auf ein beschleunigendes Schließen der Beine.
- Legen Sie sich nun auf den Rücken. Achten Sie vorher auf freie Bahn. Führen Sie die Brust-Beinbewegung in Rückenlage durch. Zur Erleichterung und besseren Selbstbeobachtung können Sie sich ein Schwimmbrett unter den Kopf halten. Die Knie bleiben weitgehend unter Wasser.
- Wiederholen Sie die Beinbewegung in Rückenlage ohne Brett, nehmen Sie dabei zunächst Ihre Hände paddelnd neben die Oberschenkel, später einen Arm in Hochhalte über den Kopf. Dies klappt nur, wenn Sie sich gut strecken und sich nicht in eine Sitzposition fallen lassen.
- Stoßen Sie sich im stehtiefen Wasser vom Beckenrand mit den Armen in Hochhalte ab, halten Sie dabei die Luft an und treiben sich mit 4 bis 6 Brust-Beinschlägen voran. Gehen Sie zurück, und wiederholen Sie die Übung einige Male.

DIE RICHTIGE TECHNIK

Fassen Sie das Schwimmbrett für eine günstige Wasserlage am oberen Rand.

- Halten Sie ein Schwimmbrett vor der Brust, und legen Sie sich darauf. Üben Sie nun den Beinschlag auf diese Weise.
- Schwimmen Sie den Brust-Beinschlag am Brett. Halten Sie hierzu das Schwimmbrett mit beiden Händen am oberen Rand, und machen Sie Ihre Arme lang. Lassen Sie Ihren Kopf über Wasser!

Zur Vertiefung und Fehlerverbesserung
- Sie schwimmen weiterhin am Brett, atmen jetzt aber am Ende des Anfersens über Wasser ein und legen mit dem Schließen der Beine Ihr Gesicht zum Ausatmen ins Wasser.
- Als Steigerung lassen Sie während der Einatmung Ihr Gesäß leicht absinken und heben es mit der Ausatmung nur durch den Beinschluss wieder bis an die Wasseroberfläche.
- Versuchen Sie mit dem Abstoß ein kleines Brett oder einen Pull-Buoy unter Wasser zu drücken und mit kräftigen Beinschlägen unter Wasser zu halten.

- Als Variation und zum Erlangen eines besseren Abdrucks schwimmen Sie jeweils einige Beinschläge mit weiter und schmaler Knieöffnung. Bald werden Sie durch den besseren Vortrieb die für Sie richtige Öffnungsweite herausfinden.
- Falls Ihr Beinschlag der Stoßgrätsche vom Foto Seite 35, 1 ähnelt, klemmen Sie sich einen Pull-Buoy zwischen die Oberschenkel und schwimmen damit einige Beinschläge am Brett. Danach üben Sie zur Erfolgskontrolle wieder ohne Pull-Buoy.

Achtung: Eine zu schmale Knieöffnung kann zu einer Überlastung der Knieinnenseiten führen. Stellen Sie bei einem Ziehen oder gar bei Schmerzen das Brust-Beinschlag-Training für diese Trainingseinheit sofort ein. Die Folge könnte sonst eine länger anhaltende Entzündung sein.

- Verändern Sie als Nächstes laufend Ihr Tempo während des Schwimmens am Schwimmbrett.
- Schwimmen Sie die Brust-Beinbewegung ohne Brett. Die Arme sind dabei in Hochhalte. Zur Atmung heben Sie nach drei Schlägen den Kopf.
- Variieren Sie die vorherige Übung, indem Sie Ihre Hände auf den Rücken nehmen. Die Atmung ist nun deutlich erschwert.
- Halten Sie sich senkrecht im tiefen Wasser mit Hilfe des Brust-Beinschlages über Wasser. Zunächst dürfen Ihre Hände noch mitpaddeln, später heben Sie Ihre Arme aus dem Wasser.
- Bleiben Sie in der senkrechten Position, und »treten« Sie wie ein Wasserballer abwechselnd links und rechts mit den Beinen.

Lernweg Brust-Armzug und Atmung

Zum Einstieg

- Stellen Sie sich an Land in Schrittstellung, beugen Sie Ihren Oberkörper fast bis zur Horizontalen nach vorne, und führen Sie nun die Brust-Armbewegung durch. Sobald Sie das Armzugmuster in der Grobform beherrschen, sollten Sie schon die richtige Atmung hinzunehmen. Warten Sie mit dem Heben von Oberkörper und Kopf, bis die Hände vor der Brust einwärts drücken.
- Wiederholen Sie die Übung in knapp brusttiefem Wasser im Gehen wiederum mit vorgebeugtem Oberkörper. Lassen Sie den Kopf zunächst noch aus dem Wasser, damit Sie sich in Ruhe auf das Zugmuster konzentrieren können. Bleiben Sie mit Ihren Händen ab dem Wasserfassen bis zum Ende der Druckphase dauernd unter Wasser. Nur so werden Sie ein gutes Wassergefühl bekommen. Nach zwei bis drei Durchgängen binden Sie auch hier die Atmung mit ein.
- Zur Vermeidung eines zu weiten Ziehens der gestreckten Arme nach hinten legen Sie sich eine Pool-Noodle unter die Achseln und schwimmen so den Armzug. Eine ähnliche Wirkung erzielen Sie, wenn Sie sich über eine Trennleine hängen oder am Beckenrand liegend nur Ihre Arme im Wasser sind.
- Setzen Sie sich auf ein Schwimmbrett, ziehen Sie die Knie so weit nach vorne, dass Sie sich in einer aufrechten Position befinden, und ziehen Sie sich mit Brust-Armbewegungen vorwärts. Zurück versu-

DIE RICHTIGE TECHNIK

chen Sie sich rückwärts mit entgegengesetzten Ruderbewegungen anzutreiben.
- Hechten Sie sich aus dem Gehen nach vorne, und versuchen Sie, einige Meter mit Brust-Armzügen vorwärtszukommen, bis Ihre Beine zu stark absinken.
- Lassen Sie sich jetzt von einem Partner Hilfe geben. Da dieser Ihnen durch Halten der Unterschenkel lediglich Auftriebshilfe gibt, müssen Sie für den Vortrieb selbst sorgen.
- Stoßen Sie sich vom Beckenboden ab, und versuchen Sie so viele Armzüge zu schwimmen, wie Sie technisch sauber und ohne zu atmen durchführen können. Die Beine werden von einem Pull-Buoy getragen und sind passiv.
- Die gleiche Übung sollten Sie jetzt mit richtiger Atemtechnik über ca. 10 Züge schwimmen.

Zur Vertiefung und Fehlerverbesserung
- Zur Kräftigung der Arm- und Schultermuskulatur empfiehlt es sich nun, mit Paddles weiterzuüben.
- Klemmen Sie sich für eine bessere Wasserlage einen Pull-Buoy zwischen die Oberschenkel. Schwimmen Sie die Brust-Arm-

Die »Poolnoodle«: ein ideales Hilfsmittel zum Techniklernen und Spielen

Das Brustschwimmen

bewegung, und stabilisieren Sie Ihre Wasserlage abwechselnd je eine Bahn mit Kraul- und Schmetterling-Beinschlägen.
- Legen Sie sich kerzengerade auf den Rücken und ziehen Sie Ihren Körper mit kleinen Brust-Armbewegungen fußwärts.

Lernweg Brust-Gesamtbewegung

Zum Einstieg
- Sie stoßen sich vom Beckenrand ab, halten Ihren Kopf zwischen den ausgestreckten Armen und schwimmen abwechselnd mehrere Armzüge und Beinschläge, ohne zu atmen.
- Heben Sie sich nun bei der gleichen Übung mit dem Einwärtsdrücken der Hände zum Atmen aus dem Wasser. Schwimmen Sie dabei mit mittelweiter Armbewegung.
- Versuchen Sie den zeitlichen Abstand zwischen Armarbeit und Beinarbeit so weit zu verkürzen, bis Sie das Gefühl haben, sich mit dem Beinschlag von oben nach unten ins Wasser zu schieben.
- Sollte Ihnen das nicht gleich gelingen, öffnen Sie die Arme in Vorhalte früher, schwimmen also eine höhere Frequenz.
- Variieren Sie je Bahnlänge Ihr Schwimmtempo: mit höherer Frequenz schneller schwimmen, mit niedriger Frequenz langsam schwimmen.
- Zählen Sie pro Bahn Ihre Züge; zur Verbesserung Ihrer Gleitfähigkeit und Erhöhung der Abdruckkraft versuchen Sie die Zugzahl zu reduzieren.

- Finden Sie die für Ihre körperlichen Voraussetzungen zweckmäßigste Gesamtbewegung in Bezug auf Krafteinsatz, Schwungweite und Zugfrequenz durch Probieren heraus.

Zur Vertiefung
- Schwimmen Sie im Wechsel zwei lange Brust-Beinschläge und einen kräftigen Armzug. Tauchen Sie mit den Beinschlägen leicht unter die Wasseroberfläche und heben Sie sich mit dem Armzug hoch aus dem Wasser, um gleich wieder abzutauchen.
- Sollten Sie eher die Gleittechnik mit wenig Armhub bevorzugen, dann schwimmen Sie eine Bahn im Wechsel zwei Arm- und eine Beinbewegung.
- Zur Verbesserung der Körperwelle der Undulationstechnik führen Sie zwei Zyklen Armbewegung Brust mit Schmetterling-Beinbewegung im Wechsel mit zwei Zyklen Brust-Gesamtbewegung durch.

Lernweg Tauchzug

Den Tauchzug in der richtigen zeitlichen Abfolge der Teilbewegungen durchzuführen erfordert einige Übung. Es ist sinnvoll, zunächst ein paar Male den Tauchzug an Land auszuprobieren.
- Stellen Sie sich mit gespannter Körperhaltung außerhalb des Beckens auf und strecken Sie Ihre Arme über den Kopf lang aus (wie nach dem Wandabstoß). Ziehen Sie dann die Arme schnellkräftig bis neben die Oberschenkel durch. Mit einer kurzen

DIE RICHTIGE TECHNIK

Pause simulieren Sie das Gleiten unter Wasser. Beginnen Sie die gestreckten Hände nahe am Körper nach oben zu führen. Sobald die Hände Ihren Nabel erreichen, fersen Sie auf einem Bein stehend das andere an und vollenden mit der vollständigen Streckung der Arme nach vorne den einbeinigen Beinschlag.

- Stoßen Sie sich vom Beckenrand in ca. einem halben Meter Tiefe ab, halten Sie Ihren Kopf zwischen den ausgestreckten Armen, und gleiten Sie, solange Ihre Luft reicht, Ihre Beine absinken oder Sie zum Stillstand kommen.
- Wiederholen Sie das Abstoßen, ziehen jetzt aber mit den Armen kräftig bis neben die Oberschenkel durch, wenn Ihre Geschwindigkeit gefühlsmäßig auf Schwimmgeschwindigkeit absinkt. Durchbrechen Sie beim Ausgleiten mit dem Kopf die Wasseroberfläche, und schwimmen Sie dann zur Wand zurück.
- Die gleiche Übung, nur gleiten Sie mit dem Armzug noch in der Horizontalen. Ziehen Sie die Hände nahe am Körper wieder in Vorhalte.
- Um den Beinschlag im richtigen Moment einzusetzen, beobachten Sie Ihre Hände genau: Sobald die Handflächen beim Vorbringen die Bauchnabelhöhe erreichen, ziehen Sie die Beine zum Gesäß und führen den Beinschlag durch.
- Für das Einhalten der Wettkampfbestimmungen müssen Sie nun noch das richtige Timing für das Durchbrechen der Wasseroberfläche mit dem Kopf einüben. Durch stetiges Wiederholen des Abstoßes mit Variationen von Arm-, Hand- und Kopfhaltung bekommen Sie das Gefühl und die Routine, damit Sie exakt mit der weitesten Öffnung des folgenden Armzuges die Wasseroberfläche mit dem Kopf durchstoßen. Lassen Sie sich hierbei vom statischen Auftrieb unterstützen.

Die schnellste Schwimmtechnik: das Kraulschwimmen

Das Kraulschwimmen

Was Brustschwimmen für Mitteleuropa, ist das Kraulen für Südeuropa und Amerika. In diesen Kontinenten wird das Kraulschwimmen im Anfänger- wie im Freizeitbereich häufig geschwommen. Der Beinschlag hat relativ viel Bewegungsverwandtschaft mit dem Gehen, der Armzug zum Beispiel mit dem Armkreisen oder Kriechen (engl. to crawl = kriechen). So erscheint die Technik auf den ersten Blick leicht erlernbar. Meist jedoch wird diese Wechselzugtechnik als eine Art »Wasserballkraul« praktiziert, bei der der Kopf zur freien Atmung und Sicht ständig über Wasser gehalten wird. Für Halswirbelsäule und Nackenmuskulatur ist diese Art der Kraultechnik ausgesprochen belastend.

Die schnellste Schwimmtechnik

Kraulschwimmen an sich ist in den Regelwerken der Schwimmverbände gar nicht definiert. Es hat aber als die schnellste Fortbewegungsmöglichkeit im Rahmen des Freistilschwimmens seinen Platz gefunden. Das Regelwerk öffnet das Freistilschwimmen derart, »...dass der Schwimmer in einem so bezeichneten Wettkampf jede Schwimmart schwimmen darf...«. Lediglich beim Lagenschwimmen muss auf der Freistilstrecke eine »... andere Schwimmart außer Brust-, Schmetterlings- oder Rückenschwimmen...« geschwommen werden.

Bei den ersten Olympischen Spielen der Neuzeit 1896 in Athen, waren drei von vier Schwimmwettbewerben Freistilrennen. Der Sieger über 100 m benötigte 1:22,2 min. Frauen waren zunächst noch nicht zugelassen. Der erste Kraulschwimmer, der Anfang der zwanziger Jahre des letzten Jahrhunderts die 100 m unter einer Minute bewältigte, war der spätere Tarzandarsteller und 5fache olympische Goldmedaillengewinner Johnny Weissmüller. Derzeit werden im Freistil-

Meine Tipps

- Für guten Antrieb mit einem Ristschlag ist beim Kraulen die Einwärtsdrehung der Füße unumgänglich. Eine bessere Beweglichkeit erreichen Sie durch Training mit Flossen und durch tägliches Beweglichkeitstraining.
- Lassen Sie sich nicht gleich entmutigen, wenn Sie mit dem isolierten Beinschlag am Brett beinahe rückwärts schwimmen.
- Der zunächst fehlende Auftrieb des Beinschlages lässt sich durch eine tiefere Kopfhaltung etwas kompensieren.
- Entlasten Sie – bis Ihr Beinschlag effektiver wird – beim Training von Armarbeit und Gesamttechnik das Gewicht der Beine durch einen Pull-Buoy.

DIE RICHTIGE TECHNIK

schwimmen auf neun Strecken von 50 m bis 25 km Weltmeister gekürt. Durch den beinahe permanenten Antrieb von Armen und Beinen im Wechsel ist Kraul die schnellste Technik. Einen weiteren Geschwindigkeitsvorteil bringt die Möglichkeit, eine Wende ohne Wandberührung mit der Hand, nämlich die Rollwende, gemäß den Wettkampfbestimmungen durchführen zu dürfen.

Ökonomisch und kraftsparend

Für den Freizeitschwimmer, dem es nicht um Tempo geht, beinhaltet das Kraulen eine Reihe von Vorteilen gegenüber dem Brustschwimmen. So ist die Technik durch den permanenten Antrieb und den damit geringeren Geschwindigkeitsunterschieden innerhalb eines Zyklus insgesamt ökonomischer und kraftsparender. Bei gleicher Anstrengung kann mit entsprechender Technik eine längere Strecke geschwommen werden. Die flache Wasserlage ist zudem widerstandsärmer, die Atembewegungen zur Seite sind aus orthopädischer Sicht für den Halswirbelbereich weniger belastend als die Brustschwimmatmung nach vorne. Kraulen ist nach der Überwindung anfänglicher Probleme mit der scheinbar den Schwimmer behindernden Atmung eine ideale Technik für Hobbyschwimmer.

Die Beinbewegung

Für den Freizeitschwimmer bedeutet die Kraul-Beinbewegung einen Ausgleich zu den gegen die Schwimmrichtung wirkenden

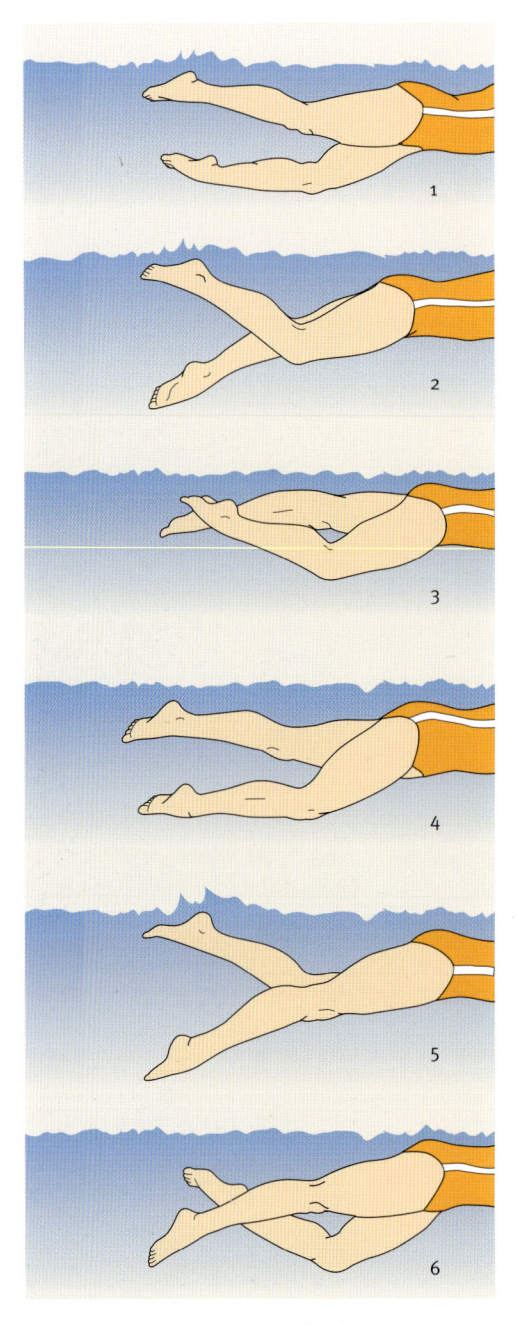

Die Sechserbeinschlag-Technik beim Kraulschwimmen

Das Kraulschwimmen

Die richtige Fußstellung

Bewegungen der Arme, des Rumpfes und Kopfes. Die Kraul-Beinbewegung dient also zur Stabilisierung der Wasserlage. Im Hochleistungsbereich dagegen ist dem Beinschlag zusätzlich ein nicht zu unterschätzender Anteil am Vortrieb zuzuschreiben. So bewältigen gute Kraulsprinter die 50 m Beinschlagstrecke mit Abstoß aus der Wasserlage unter 30 s!
Es empfiehlt sich auf längeren Distanzen den Krafteinsatz zu reduzieren und die Beine tatsächlich nur als Stabilisator einzusetzen, da die Hauptantriebsmuskulatur, die Beinstrecker, durch ihre Größe enorm viel Energie verbrauchen und daher bei höherer Intensität leicht zu Übersäuerung neigen.
Auch beim Kraul-Beinschlag gibt es eine vorbereitende oder Ausholphase, den Aufwärtsschlag, und eine Antriebsphase, den Abwärtsschlag. Die Beine werden wechselseitig auf- und abwärts bewegt. Aus der bis in die Zehenspitzen gestreckten Position knapp unter der Wasseroberfläche

1	Fehler: Angezogene Zehen: »Schürhaken«
2	Fehler: Wassertreten oder Radfahren
3	Fehler: Knie zu stark gebeugt

DIE RICHTIGE TECHNIK

(Seite 50, 1) sinkt bei der Abwärtsbewegung zuerst der Oberschenkel durch eine leichte Kontraktion der Oberschenkelbeuger ab, einhergehend mit einer Beugung im Hüftgelenk. Da während dieser einleitenden Bewegung Knie- und Sprunggelenk noch entspannt sind, führt dies ebenfalls zu einer Beugung im Kniegelenk. Der Fuß wird dadurch noch etwas angehoben und liegt aber weiterhin knapp unter Wasser (2). Darauf folgt eine aktive Streckung der gesamten Beinstreckmuskulatur, sodass Unterschenkel und Fuß nachschnellen (3, 4, 5). Diese Bewegung gleicht dem Spannstoß im Fußball (engl. Beinschlag = kick). Der Wasserdruck dreht zu Beginn des Abwärtsschlages den Unterschenkel und das lockere Fußgelenk einwärts.

Noch bevor der Fuß den tiefsten Punkt erreicht hat, wird durch den Oberschenkel bereits die Aufwärtsbewegung eingeleitet (5). Jetzt folgen Unterschenkel und der nun gerade Fuß dieser Bewegung nach (6).

Bei den meisten Schwimmern sprudeln die Füße mehr oder weniger an der Wasseroberfläche. Probieren Sie aus, ob Sie mit höherem oder tieferem Beinschlag besser vorankommen. Vermeiden Sie allerdings starkes Schlagen aufs Wasser, was lediglich Verlust von Energie bedeuten würde.

Die Armbewegung

Auch wenn der Beinschlag insgesamt an Bedeutung gewonnen hat, bringt die technisch richtige Armbewegung den Hauptantrieb für das Kraulschwimmen. Durch die alternierende, das heißt abwechselnde Bewegung beider Arme kann beinahe durchgehend Vortrieb erzeugt werden. Größere Geschwindigkeitsschwankungen, die wir beim Brustschwimmen kennen, finden wir hier nicht. Die Effektivität des Kraul-Armzugs beruht auch auf der anatomisch günstigen Bauchlage. Anders als beim Rückenschwimmen können die Hebel der Schulter-, Arm- und Brustmuskulatur sehr gut eingesetzt werden. Der limitierende Faktor Beweglichkeit wirkt sich beim Kraulen weit weniger aus als beim Schmetterlingsschwimmen.

Die vorbereitende Phase
Der weitgehend entspannt, mit einem hohen Ellbogen über Wasser nach vorne geschwungene Arm (Seite 53, 6) taucht etwa zwei Handspannen vor dem Kopf in Verlängerung der Schulterachse mit den Fingerspitzen zuerst ins Wasser ein (1). In diesem Moment befindet sich der Gegenarm gerade auf Schulterebene. Da dieser noch mit der Druckphase beschäftigt ist, bleibt dem eintauchenden Arm Zeit zum Wasserfassen. Dabei liegen die Finger aneinander, die Hand ist wie zu einer flachen Schaufel geschlossen. Schieben Sie jetzt Ihre Schulter mit dem Arm weit unter Wasser nach vorne. Dabei werden die Luftbläschen, die beim Eintauchen unwillkürlich mitgezogen werden, von Hand und Arm abgestreift und es können sich Verwirbelungen zur besseren Verankerung im Wasser bilden. Ohne richtiges Wasserfassen wer-

Das Kraulschwimmen

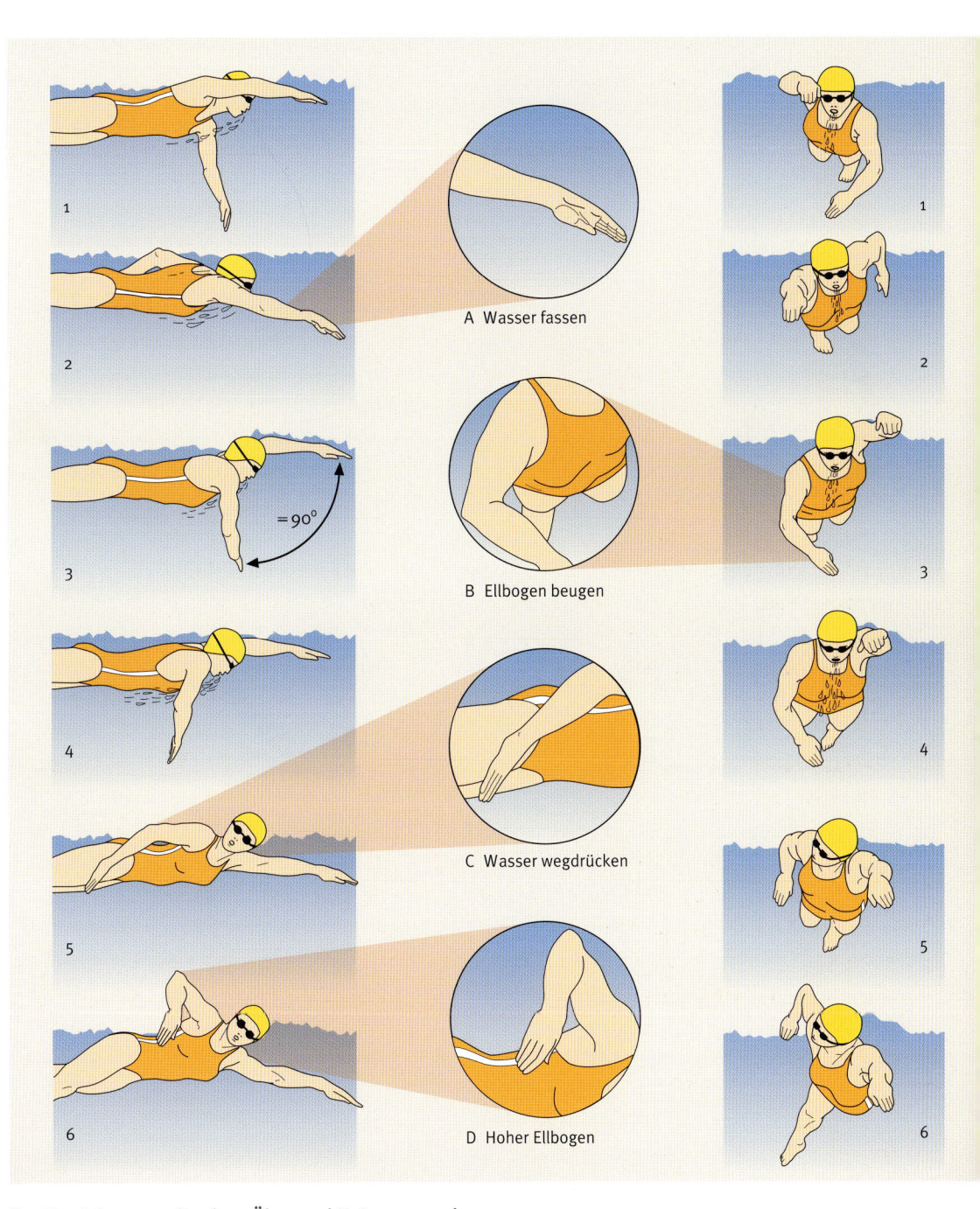

A Wasser fassen

B Ellbogen beugen

C Wasser wegdrücken

D Hoher Ellbogen

Der Kraul-Armzug mit seinen Über- und Unterwasserphasen

DIE RICHTIGE TECHNIK

1 Fehler: Der Ellbogen führt den Zug.

2 Fehler: Die Hand taucht zu nah am Kopf ein.

3 Fehler: Der Arm überzieht beim Eintauchen.

den Sie keinen guten Vortrieb erzielen können. Lassen Sie sich Zeit und reißen nicht mit Kraft durch das Wasser (Seite 53, 2).

Antriebsphase

Nun wird die vorher nur leicht abgesunkene, im Handgelenk abgewinkelte Hand deutlich nach hinten unten geführt. Dabei wird der Arm im Ellbogen leicht gebeugt, damit der Unterarm ebenfalls gegen die Schwimmrichtung arbeiten kann. Die Hand beschreibt auf ihrem Weg vom Eintauchen bis zum Aushub einen beinahe geraden Weg. Die früher beschriebene S-Form gehört im Kraul der Vergangenheit an. Die Beugung im Ellbogengelenk erreicht am Übergang von Zug- zu Druckphase unterhalb der Schulter ihre größte Ausprägung. Der Beugewinkel beträgt bei Ausdauerschwimmern zwischen 90 und 100° (Seite 53, 3), bei Sprintern 130° und mehr. Dieser Winkel wird wieder aufgelöst (4) und die Hand mit Druck neben dem Oberschenkel aus dem Wasser gehoben (5). Die Schwungphase schließt sich an, bis ein neuer Zug mit dem Eintauchen beginnt. Entspanntes Schwingen und kräftiges Antreiben werden durch eine Rollbewegung im Körper unterstützt (siehe Gesamtbewegung).

Gesamtbewegung und Wasserlage

Neben einigen individuellen stilistischen Varianten werden beim Kraulschwimmen zwei Hauptmuster der Verbindung von Arm-

Das Kraulschwimmen

und Beinbewegung bevorzugt praktiziert, nämlich der Sechser- und der Zweierbeinschlag.

Der Sechserbeinschlag

Hier werden mit einem Armzyklus (je eine Armbewegung des linken und rechten Armes) sechs Beinbewegungen gekoppelt. Die Bildreihe rechts zeigt diese Technikvariante. Sie können die Position der Arme jeweils zu Beginn der sechs Abwärtsschläge betrachten. Beim Schwimmen selbst wird es Ihnen nur im Zeitlupentempo gelingen, diese Koordination nachzuvollziehen. Aus diesem Grund verzichte ich hier auf eine verbale Technikbeschreibung. Mit dem entsprechenden Lernweg und etwas Übung wird Ihnen diese Technik keine Probleme bereiten.

Der Zweierbeinschlag

Während Sprinter den Sechserbeinschlag bevorzugen, schwimmen Langstreckenkrauler häufig mit dem Zweierbeinschlag. Mit einem Armzyklus werden zwei Beinbewegungen verbunden. Diese Technikvariante ist insgesamt ökonomischer, da die Oberschenkelmuskulatur, die einen sehr hohen Energieverbrauch hat, hierbei nur wenig beansprucht wird.

Dies führt zu einer Reihe unterschiedlicher Teilbewegungen gegenüber der Sechser-Koordination:

- Höhere Zugfrequenz der Arme
- Verkürzte Phase des Wasserfassens
- Verstärktes Rollen um die Körperlängsachse

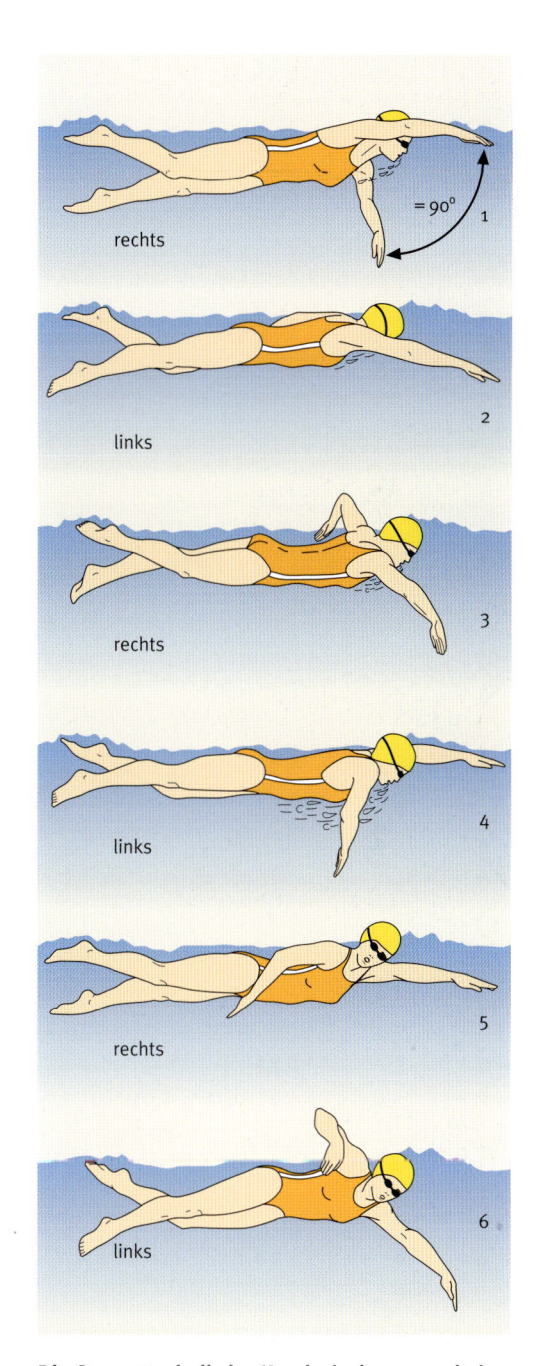

Die Gesamttechnik des Kraulschwimmens mit der Sechserbeinschlag-Koordination

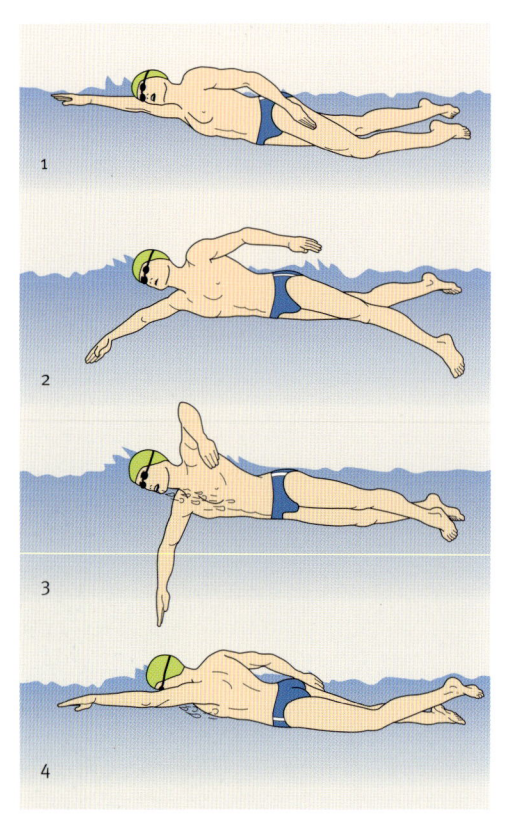

DIE RICHTIGE TECHNIK

Die Gesamttechnik des Kraulschwimmens mit der Zweierbeinschlag-Koordination

Somit ergibt sich folgender Bewegungsablauf:
Etwa mit dem Eintauchen der linken Hand beginnt der Abwärtsschlag des rechten Beins. Das Rückführen des rechten Beins an die Wasseroberfläche wird nach einem kurzen Stopp in der tiefsten Position relativ langsam durchgeführt und dauert beinahe so lange, bis der linke Arm wieder zum nächsten Eintauchen kommt. Inzwischen führen die rechte Hand und das linke Bein ihre Bewegungen durch.

Beim Sechserbeinschlag gibt es eine Phasenverschiebung zwischen zwei Armzügen von ca. 90° (Seite 55, 1). Diese Verzögerung entsteht durch die relativ lange Phase des Wasserfassens. Der Zweierbeinschlag zeichnet sich durch eine Phasenverschiebung zwischen 130 und 150° aus.

Wasserlage

Damit die Beine Sie vorwärtsschieben und die Arme vorwärtsziehen können, sollten Sie sich in einer widerstandsarmen und dynamischen Auftrieb ermöglichenden Lage im Wasser befinden. Schwimmern mit Zweierbeinschlag oder schwachem Sechserbeinschlag ist zu einer nahezu horizontalen Wasserlage zu raten, für einen Schwimmer mit gutem Beinantrieb empfiehlt sich ein leicht angestellter Körper, damit die Beine ihren maximalen Wirkungsgrad erreichen können. Tauchen Sie das Gesicht so weit ins Wasser, bis die Wasserlinie den Bademützenrand bzw. den Haaransatz erreicht. Ihr Blick ist schräg nach vorne-abwärts zum Beckenboden gerichtet. Das Gesäß darf vom Wasser knapp bedeckt sein. Ihre Hüfte sollte weder abgeknickt sein noch Ihr Bauch durchhängen. Diese stabile Körperhaltung über mehrere Bahnen aufrechtzuhalten bedarf einer soliden Bauch- und Rückenmuskulatur.

Falls Ihre Beine sehr schwer sind bzw. diese zum Absinken neigen, legen Sie den Kopf als Gegengewicht etwas tiefer ins Wasser. Liegen Ihre Beine und das Gesäß jedoch sehr hoch, gleichen Sie dies durch leichtes Anheben des Kopfes aus.

Die Atmung

Die Atmung stellt für den Kraulanfänger zunächst das größte Hindernis dar, da hier im Gegensatz zu Brust- und Schmetterlingsschwimmen zur Seite geatmet wird. Die Seitatmung ist mehr ein psychologisches als ein körperliches Problem. Mit etwas Übung und Gewöhnung gelingt fast jedem eine ökonomische Atemtechnik.

Beim Kraulschwimmen bestimmt die Armbewegung den richtigen Rhythmus der Atmung. Beobachten Sie Ihre Hand bereits ab der Zugphase, das heißt gleich nach dem Wasserfassen aus den Augenwinkeln. Folgen Sie der ziehenden Hand mit dem Blick, und drehen Sie am Ende der Druckphase Ihr Gesicht zur Einatmung seitwärts. Sobald der Arm am Gesicht vorbei nach vorne schwingt, muss die Einatmung abgeschlossen sein und sich Ihr Kopf wieder ins Wasser drehen. Wie stark Sie unter Wasser ausatmen müssen, hängt vom Atemrhythmus und damit von der Zeitdauer zwischen den Einatemphasen ab. Grundsätzlich wird zu Beginn nur wenig Luft durch die Nase abgelassen, damit kein Wasser einströmen kann. Kurz vor der Einatmung erfolgt noch ein kräftiges Ausblasen durch Mund und Nase. Kopfhaltung und Atmung beeinflussen Lage und Koordination.

Heben Sie auf keinen Fall den Kopf zum Einatmen zu stark oder zu spät an. Auch wenn Rumpf und Kopf beinahe gleichzeitig zur Seite rotieren, sollten Sie Ihren Kopf trotzdem in seiner Bewegungsweite vom Rumpf abkoppeln. Dadurch können Sie den Kopf noch weiter nach oben drehen, ohne dass der Rumpf extrem weit rollen muss. Folgende Atemrhythmen haben in der Praxis ihre Anwendungsbereiche:

Die Dreierzugatmung

Bei der Dreierzugatmung atmen Sie jeweils nach drei Armzügen. Diese Technik ist nicht nur jedem Kraulanfänger zu empfehlen. Hierbei wird die Nacken- und Rückenmuskulatur nämlich gleichmäßig belastet, Sie haben zu beiden Seiten freie Sicht. Letzteres ist auch für den Wettkampfschwimmer ein großer taktischer Vorteil.

Meine Tipps

- Durch die Bildung eines Wellentals nach der Bugwelle, die durch den Kopf entsteht (siehe Foto Seite 58), müssen Sie Ihren Kopf nur leicht zur Seite drehen. Ihr Mund ist gleichsam noch unter der Wasseroberfläche. Um sicherzugehen, kein Wasser zu schlucken, formen Sie nun zur Einatmung noch ein »Fischmaul«.
- Vergeuden Sie über Wasser keine Zeit mit einer verspäteten Ausatmung! Bewältigen Sie zur Abwechslung und als Training für die Atmung nach vorne beim Schwimmen in offenen Gewässern einige Bahnen »Wasserballkraul« im Wechsel mit normaler Seitatmung.

DIE RICHTIGE TECHNIK

Einatmen im Wellental

Die Zweierzugatmung

Die Zweierzugatmung empfehle ich denjenigen Schwimmern, die durch eine eingeschränkte Beweglichkeit zu einer Seite nur unzureichend aufdrehen können und dadurch nicht genügend Luft bekommen. Um durch das einseitige Drehen nicht dauernd schief im Wasser zu liegen, ist eine gute Rollbewegung zur Atemseite und vor allem wieder in die Ausgangsposition zurück sehr wichtig. Viele Wettkampfschwimmer sind zwar im Training in der Lage, die Dreieratmung zu schwimmen, müssen aber bei hoher Belastung unter Wettkampfbedingungen auf Zweieratmung umstellen.

Die Viererzugatmung

Die Viererzugatmung oder höher kommt bei Kurzstrecken zum Einsatz. Eine noch so harmonisch durchgeführte Atmung unterbricht dennoch auf Kosten der Geschwindigkeit die Gesamtbewegung. Aus diesem Grund atmen Klassesprinter auf der 50-m-Freistilstrecke kaum oder gar nicht. Anfänger haben, wie bereits erwähnt, mit der Atmung Probleme. Zum einen, weil es schwer ist, sie mit Armen und Beinen zu koordinieren, zum anderen, weil die Konzentration auf die richtige Ausführung der anderen Krautteilbewegungen wenig Spielraum für regelmäßiges Atmen lässt. Beim Viererzug haben Sie etwas länger Zeit, sich auf die nächste Atmung vorzubereiten.

Lernweg Kraul-Beinschlag

Zum Einstieg

- Sie halten sich an einer Einstiegsleiter fest, beugen Ihr Standbein leicht und führen den anderen Fuß parallel zum Beckenrand vorwärts und rückwärts. Lassen Sie dabei Fuß-, Knie- und Hüftgelenk relativ locker, und spüren Sie, wie der Wasserdruck beim Vorwärtsschlag Ihren Fuß einwärtsdreht.
- Sitz am Beckenrand: Die Arme stützen hinten ab, die Beine sind im Wasser. Nun schlagen Sie die Beine aus der Hüfte mit lockeren Fuß- und Kniegelenken auf und ab, sodass das Wasser richtig sprudelt.
- Liegestütz bäuchlings auf einer Einstiegstreppe oder im sehr flachen Wasser: Schlagen Sie mit den Füßen auf und ab.
- Stoßen Sie sich im stehtiefen Wasser vom Beckenrand mit Armen in Hochhalte ab, halten Sie dabei die Luft an, und versuchen Sie sich mit Kraul-Beinschlag voranzutreiben. Ziehen Sie beide Arme nach eini-

Das Kraulschwimmen

gen Beinschlägen nach unten neben die Oberschenkel, und paddeln Sie dort unterstützend mit.
- Wiederholen Sie die Aufgabe, und versuchen Sie nun ohne Zuhilfenahme der Arme so weit wie möglich mit dem Beinschlag voranzukommen.
- Tauchen Sie mit dem Kraul-Beinschlag durch die gegrätschten Beine des Partners.
- Sollten Sie bis hierher noch immer keinen Vortrieb mit dem Beinschlag erzielen können, hilft es Ihnen, die Übungen mit dem Einsatz von Flossen zu wiederholen. Diese werden Ihnen helfen, die Fußgelenke zu mobilisieren, und vermitteln erste Erfolgserlebnisse.
- Halten Sie ein Schwimmbrett vor der Brust, und legen Sie sich darauf. Üben Sie nun den Beinschlag auf diese Weise. Lassen Sie sich ruhig von einem Partner am Schwimmbrett etwas ziehen: ein schönes Gefühl, endlich vorwärtszukommen (der Partner darf dabei nicht blockieren oder übermäßig stark unterstützen).
- Schwimmen Sie nun den Beinschlag wieder am Schwimmbrett; halten Sie es dazu jetzt für eine gute Wasserlage und um eine Hohlkreuzhaltung zu vermeiden, unbedingt an dem oberen Rand fest.

Zur Vertiefung und Fehlerverbesserung
- Als Variation und zum Erlangen eines besseren Wassergefühls lassen Sie einige Meter die Füße abwechselnd hoch aus dem Wasser schlagen und darauf knapp unter der Wasseroberfläche.

Beinschlag im Stütz auf einer Treppe: Techniklernen soll auch Spaß machen.

DIE RICHTIGE TECHNIK

Ein leichtes Sprudeln der Beine als Indiz für den richtigen Kraulbeinschlag

- Einen ähnlichen Effekt erreichen Sie mit einer weiteren Kontrastübung: Schwimmen Sie ein paar Beinschläge mit angezogenen Zehen, also den berüchtigten »Schürhaken«, danach mit stark überstreckten Füßen und dann mit normalem Beinschlag.
- Variieren Sie als Nächstes Ihr Tempo während des Schwimmens am Schwimmbrett. Sehr schnell spüren Sie die Wirkung des dynamischen Auftriebs.

- Versuchen Sie auch die Kraulbewegung der Beine in Rücken- und in Seitlage. Dabei halten Sie den unteren Arm in Hochhalte, auf der nächsten Bahn wechseln Sie die Seite. Als Steigerung drehen Sie sich, während Ihre Beine andauernd antreiben, wie ein Korkenzieher von der Bauchlage, über die Seit- und Rücken- wieder in die Bauchlage.
- Weiter geht es mit dem Kraul-Beinschlag ohne Brett. Zur Atmung heben Sie den Kopf mit Hilfe eines kleinen Brust-Armzuges.
- Wesentlich schwieriger ist der »Robbenbeinschlag«, das heißt, Sie halten dabei die Arme auf dem Rücken verschränkt und heben lediglich den Kopf zur Atmung.
- Probieren Sie, sich senkrecht im tiefen Wasser mit Hilfe des Kraul-Beinschlages über Wasser zu halten. Zunächst paddeln Ihre Hände noch mit, später heben Sie erst einen, dann beide Arme aus dem Wasser.
- Testen Sie, wie weit Sie alleine mit dem Kraul-Beinschlag tauchen können. Ein kleiner Tipp: Stoßen Sie sich etwas tiefer ab, dann zieht es Sie nicht so schnell zur Wasseroberfläche.

Lernweg Kraul-Armzug und Atmung

Zum Einstieg

- Stellen Sie sich an Land in Schrittstellung, beugen Sie Ihren Oberkörper fast bis zur Horizontalen nach vorne, und führen Sie nun die Kraul-Armbewegung zuerst mit einem Arm durch, während der andere nach

Das Kraulschwimmen

vorne ausgestreckt gehalten wird. Später versuchen Sie es mit beiden Armen wechselseitig. Wird die Armzugbewegung langsam flüssiger, drehen Sie nun nach jedem dritten Armzug den Kopf zur Atmung zur Seite: 1 – 2 – links / 1 – 2 – rechts.
- Wiederholen Sie die Übung in knapp brusttiefem Wasser im Gehen, wiederum mit vorgebeugtem Oberkörper. Lassen Sie den Kopf zunächst noch aus dem Wasser, damit Sie sich in Ruhe auf das Zugmuster konzentrieren können. Nach einigen Zügen binden Sie die Atmung ein.
- Hechten Sie sich aus dem Gehen nach vorne, und versuchen Sie ein paar Meter mit Kraul-Armzügen vorwärtszukommen.
- Stoßen Sie sich vom Beckenboden ab, und versuchen Sie so viele Armzüge zu schwimmen, wie Sie technisch sauber und ohne zu atmen durchführen können. Die Beine bewegen Sie dabei locker entspannt mit.
- Haben Sie immer noch große Schwierigkeiten mit der Wasserlage? Dann nehmen Sie von Ihrem Partner Hilfestellung an: Er hält Sie an den Unterschenkeln, ohne weder Ihre Rollbewegung noch Ihren Vortrieb zu behindern, und gibt Ihnen – sofern notwendig – leichte Schubhilfe.
- Halten Sie ein Brett oder einen Pull-Buoy mit einer Hand in Hochhalte. Führen Sie einarmig das Zugmuster durch. Wechseln Sie nach vier Zügen den Arm, später nach jedem Zug.
- Wiederholen Sie die vorherige Übung mit dem Pull-Buoy, und atmen Sie jetzt nach jedem vierten Armzug zur Seite ein und dazwischen langsam unter Wasser aus. Versuchen Sie auch ein paar Mal zur anderen Seite einzuatmen, danach immer nach drei Zügen im Wechsel nach links und rechts: Dreieratmung. Der Pull-Buoy wird die notwendige Rollbewegung des Körpers zur erleichterten Atmung weit weniger behindern als das vorgehaltene Schwimmbrett.
- Nach dem Abstoß vom Beckenrand schwimmen Sie eine Bahn nur mit dem linken Arm, während der rechte nach oben ausgestreckt wie eine Tragfläche liegen bleibt. Wechseln Sie den Zugarm.
- Rhythmisieren Sie Ihren Armzug, und schwimmen Sie nun vier Züge rechts, dann links; drei Züge rechts, dann links und zwei Züge rechts, dann links.
- Klemmen Sie sich nun einen oder – solange Sie mit dem Armzug noch nicht genügend dynamischen Auftrieb erzielen – eventuell zwei Pull-Buoys zwischen die Oberschenkel und schwimmen einige Züge nur Armzug. Achten Sie unbedingt auf ein sauberes Zugmuster und eine gute Rollbewegung, da Ihre Beine ansonsten mit jedem Zug unweigerlich wie ein Kuhschwanz von links nach rechts pendeln würden. Atmen Sie nur jeden dritten oder vierten Zug, um sich immer noch mehr auf das Armzugmuster als auf die Atmung konzentrieren zu können.
- Um die richtige Handstellung zu erfühlen, schwimmen Sie auf einer Bahn abwechselnd mit abgespreizten Fingern, mit Fäusten, mit der Handkante voraus, mit schaufelförmig geformten Händen und mit der richtigen »Schwimmerhand« (Abb. Seite 14).

DIE RICHTIGE TECHNIK

Zur Vertiefung und Fehlerverbesserung

- Zur Schulung des hohen Ellbogens im Vorschwung schwimmen Sie ganz dicht an einem hohen Beckenrand hin und her. Auch die hartnäckigsten »Langarm«-Schwimmer ziehen hierbei den »kürzeren«.
- Ähnliches bewirken Sie, indem Sie während des Vorschwungs Ihren Daumen den Körper entlang bis zur Achsel führen und erst ab hier den Arm frei zum Eintauchen schwingen lassen. Achtung: Dies ist nur eine Hilfsübung, nicht die angestrebte Zielform!
- Sind Sie sich nicht sicher, ob Ihre Handstellung richtig ist und genügend Widerstand erzeugt? Ziehen Sie ein Paar mittelgroße Paddles an. Steht Ihre Hand während des Zuges falsch im Wasser, rutscht sie dank der Führung des Paddles unmittelbar zur Seite weg.
- Bemühen Sie sich, im Verlauf des gesamten Zuges möglichst viel Druck an den Händen zu spüren. Lassen Sie sich dazu vor allem beim Wasserfassen und in der ersten Phase Zeit.
- Wenn Sie Probleme mit dem Wasserfassen haben – Sie ziehen viel Luft während des Zuges mit, haben das Gefühl leer durchzuziehen, oder Ihre Arme sind meist 180° versetzt zueinander –, dann setzen Sie das Abschlagschwimmen ein. Von manchen Experten verteufelt, sehe ich es als ein probates Mittel. Ein Arm bleibt so lange in Vorhalte liegen, bis der andere ihn berührt (»abschlägt«). Erst dann beginnt dieser Arm mit der Zugphase. Lediglich Schwimmer, die ohnehin dazu neigen, die Arme sehr lange vorne liegen zu lassen, sollten diese Übung meiden.
- Reicht Ihnen die Atemluft meist nur für eine Bahn? Vermutlich erfolgt das Herausdrehen des Kopfes zu spät. Folgen Sie mit dem Herausdrehen des Kopfes bereits der unter Wasser vorbeiziehenden Hand, dann werden Sie genügend Zeit zum Einatmen haben.
- Schwimmen Sie abwechselnd eine Bahn mit Atmung zur guten und eine Bahn zur ungewohnten Seite.
- Wechseln Sie pro Bahn die Atemfrequenz: je 25 m 2er-, 3er-, 4er-, 5er-… Zugatmung
- Wechseln Sie hintereinander von 2er- bis 6er-Zugatmung durch. Vorsicht: Ungewohnte Atemrhythmen können zu Seitenstechen führen. Sobald Sie Ihren normalen Rhythmus wieder aufnehmen, wird auch das Seitenstechen schnell verschwinden.
- Ihrem Partner fällt auf, dass Sie die Arme weit über der Körperlängsachse auf der Gegenseite einsetzen? Dann wenden Sie eine Überkorrektur an: Tauchen Sie Ihre Arme in einer Position ein, die den Zeigern einer Kirchturmuhr um 10 vor 2 Uhr entspricht. Ihr Gefühl haben Sie damit zwar überlistet, aber dafür stimmt jetzt Ihre Eintauchposition. Üben und Merken!
- Sie tauchen Ihre Hand zu nah am Kopf ein? Schwimmen Sie einarmig, und beobachten Sie das Eintauchen.
- Verwenden Sie nun Paddles und Pull-Buoy, und schwimmen Sie einige Bahnen mit kraftvollen Zügen und gleichmäßiger Rollbewegung nach beiden Seiten.

Lernweg Kraul-Gesamtbewegung

Zum Einstieg und zur Vertiefung der 6er-Koordination

- Holen Sie gut Luft, und stoßen Sie sich sich vom Beckenrand ab. Beginnen Sie mit einem kräftigen Beinschlag 6 bis 7 m zu schwimmen. Halten Sie nun diesen kräftigen Beinschlag aufrecht, während Sie den Armzug dazunehmen, und schwimmen Sie einige Züge, ohne zu atmen. Der Beinschlag diktiert dabei Ihr Armzugtempo. Den Rest der Bahn schwimmen Sie in der Brusttechnik zu Ende.
- Wiederholen Sie diese Übung, beginnen Sie aber nach einigen Metern stabiler Gesamttechnik mit der 4er-Atmung. Achtung: Meist fällt die Beinarbeit mit der ersten Einatmung stark ab!
- Schwimmen Sie eine Bahn nur mit dem linken Arm, die nächste mit dem rechten. Dabei wird jeweils zur Zugarmseite geatmet. Danach folgt eine Bahn Gesamttechnik, wenn möglich mit 3er-Atmung.
- Wechseln Sie von vier Zügen links, auf vier Züge rechts und auf vier Züge Gesamttechnik.
- Variieren Sie die Bewegungsweite Ihrer Rollbewegung um die Körperlängsachse. Achten Sie besonders auf gleichmäßige Bewegungen zu beiden Seiten.
- Schwimmen Sie die Abschlagsübung (siehe Lernweg Armzug) mit gutem Beinschlag. Während der eine Arm durchzieht, schieben Sie den gestreckten anderen Arm inklusive Schulter weit nach vorne.

Meine Tipps

- Variieren Sie Ihr Koordinationsmuster. Probieren Sie beide Spielarten, die Zweier- und die Sechserkoordination, aus. Wechseln Sie auch im Laufe eines Rennens oder einer Trainingsserie. Müde Beine schwimmen keinen guten Sechserbeinschlag!
- Als Variante wird – auch von Spitzenschwimmern – auf längeren Strecken eine Art Viererkoordination praktiziert. Dabei überkreuzen sich die Beine immer auf den dritten und vierten Schlag.
- Bedenken Sie bei Ihren Überlegungen zur Wahl der Koordination, dass die Beinarbeit beim Kraulen immer eine untergeordnete Rolle spielt.

- Übertreiben Sie den letzten Abdruck vom Wasser, sodass Ihr Arm nach vorne geschleudert wird.
- Verändern Sie jeweils nach vier Zügen deutlich die Tiefe, in der sich Ihr Arm auf Schulterhöhe unter dem Körper befindet, indem Sie den Winkel im Ellbogen vergrößern bzw. verkleinern. Sie werden unterschiedlich viel Druck verspüren.

Sie können auch umgekehrt den Beginn mit dem Armzug und die Hinzunahme der Beinbewegung nach einigen Zügen ausprobieren. Es führen ja viele Wege zum Ziel. Sie sollten sich dabei wohlfühlen.

Das Rückenschwimmen

Das Rückenschwimmen in seiner Grobform ist aus Sicht des Bewegungsablaufs und der Atmung die wohl einfachste Schwimmtechnik. Lediglich die mangelnde Orientierung verhindert die Entwicklung zur »Volkstechnik«. Diese Technik ist nur empfehlenswert, wenn Sie diese weitgehend unbehindert, also ohne Gefahr von Verletzungen durch Zusammenstöße, praktizieren können. In einer Reihe von Schwimmbädern gibt es spezielle »Schwimmerbahnen«, auf denen in einer Art Kreisverkehr geschwommen wird. Beobachten Sie, ob Links- oder Rechtsverkehr vorherrscht, und halten Sie sich am Bahnenrand auf, dort ist die Verletzungsgefahr am geringsten.

Die »gesündeste« Technik

Diese aus orthopädischer Sicht wertvolle Technik ist erst in der Feinform ausgesprochen anspruchsvoll. Lediglich durch die eingeschränkte Schulter- und Armbeweglichkeit nach hinten und durch den Start aus der Wasserlage ist Rückenschwimmen langsamer als Kraulen. Vor einigen Jahren wurde die Wettkampfbestimmung zur Wen-

Das Rückenschwimmen: die eleganteste Schwimmtechnik

denausführung derart gelockert, dass man sich vor der Wand in Bauchlage drehen und eine Rollwende durchführen darf. Nach dem Reglement gilt eine Rollbewegung des Körpers bis zur 90°-Seitlage noch als Rückenschwimmen.

Findige Schwimmer hatten durch Probieren herausgefunden, dass sie durch perfekt durchgeführte Schmetterlingsbeinschläge unter Wasser auf dem Rücken schneller sind als mit der Rückenkraultechnik an der Wasseroberfläche. Dies führte zu dem kuriosen Umstand, dass bei internationalen Meisterschaften die acht Endlaufteilnehmer erst zur Wendendurchführung auftauchten. Was zunächst noch bestaunt wurde, machte das Rückenschwimmen bald zu einer für Zuschauer wenig attraktiven Disziplin. Seit geraumer Zeit muss deshalb ab 15 m nach Start und Wende mit dem Kopf die Wasseroberfläche für den Rest der Schwimmbahn durchbrochen werden.

Bis auf die bislang beschriebenen Einschränkungen sieht das Regelwerk keine weiteren Technikbeschränkungen vor. So ist es im Wettkampf nicht zwingend vorgeschrieben in der Rückenkraultechnik zu schwimmen. Andere Bewegungsmuster wie ein Doppelarmzug mit einem Brust-Beinschlag sind ebenso erlaubt wie die verschiedenen Kombinationen daraus. Die ersten Rückenschwimmwettbewerbe bei Olympischen Spielen wurden im Jahre 1900 in der Gleichzugtechnik absolviert. 1912 schwamm der Olympiasieger bereits in einer Art Wechselzugtechnik. Bis sich das Rückenkraulen, die zweifelsohne schnellste Technik, in ihrer heutigen Form entwickelte, dauerte es noch bis Mitte des letzten Jahrhunderts. In diesem Kapitel wird die Wechselzugtechnik beschrieben, die Technik des Doppelarmzugs erlernen Sie durch die methodische Übungsreihe.

Die Beinbewegung

Die Rückenkraul-Beinbewegung hat neben der antreibenden Wirkung eine Stabilisierungsfunktion. Die Beine werden ähnlich wie beim Kraulschwimmen wechselseitig auf und ab geschlagen. Der Vortrieb wird beim Rückenschwimmen allerdings mit dem Aufwärts-Ristschlag erzeugt. Der Abwärtsschlag dient zur Vorbereitung und Überleitung. Der nach dem Aufwärtsschlag an der Wasseroberfläche befindliche Fuß wird locker entspannt mit der Ferse voraus abwärtsgeführt (siehe Seite 66, 1). Hüft- und Kniegelenk werden dabei leicht überstreckt. Noch bevor der Fuß seinen tiefsten Punkt erreicht, wird der Oberschenkelstrecker kontrahiert und damit die Aufwärtsbewegung begonnen (2). Da das Kniegelenk noch locker bleibt, können Fuß und Unterschenkel weiter in die optimale Ausgangsposition absinken (3). Während der Oberschenkel fast bis an die Wasseroberfläche geführt ist, schnellen nun Unterschenkel und Fuß explosiv nach (4 bis 6). Durch den starken Druck des Wassers wird der Fuß bei lockerem Gelenk einwärtsgedreht. Die Antriebsfläche wird somit vergrößert. Der letzte Kick mit dem Fuß erfolgt durch die Unterschenkelstrecker. Bevor der

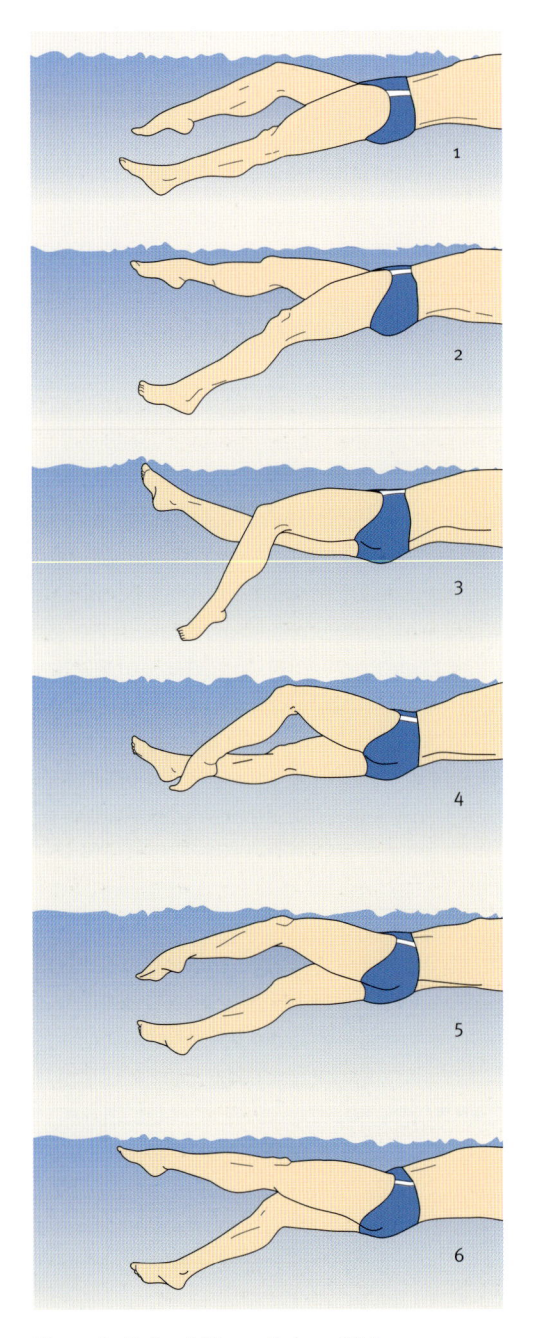

DIE RICHTIGE TECHNIK

Die Technik der Schmetterling-Beinbewegung in Rückenlage

Fuß das Wasser aufwirft, beginnt erneut die Abwärtsbewegung mit überstrecktem Knie- und Hüftgelenk.

Schwimmer mit großen Füßen und beweglichen Fußgelenken haben Antriebsvorteile. Die Ausschlagsweite der Rückenkraul-Beinbewegung ist etwas größer als die der Kraul-Beinbewegung. Würden Sie beim Kraulen ebenso weit ausholen wie beim Rückenschwimmen, dann würden Ihre Füße weit aus dem Wasser herausragen und uneffektiv aufs Wasser schlagen.

Durch eine Rollbewegung um die Körperlängsachse wird der Beinschlag bei der Gesamttechnik abwechselnd etwas stärker zur linken Seite, gerade in der Mitte und etwas stärker zur rechten Seite geschlagen. Lediglich beim Üben und Trainieren mit und ohne Schwimmbrett schlagen Sie nur geradlinig auf und ab.

Um mit dem Schmetterling-Beinschlag in Rückenlage schneller als mit der Gesamttechnik voranzukommen, müssen Sie ihn mit hoher Frequenz durchführen. Richten Sie den Blick gerade nach oben, halten Sie die Hände verschränkt, und versuchen Sie

Die sechs Beinschläge auf einen Rücken-Armzyklus

Das Rückenschwimmen

strömungsgünstig mit dem Rumpf, dem Kopf und den Armen möglichst wenige Ausgleichsbewegungen zum Beinschlag auszuführen.

Die Armbewegung

Die vorbereitende und überleitende Phase

Der Arm wird nach dem Aushub am Oberschenkel gestreckt, auf direktem Wege über den Kopf geschwungen und taucht mit der Kleinfingerseite voraus zwischen der Verlängerung von Schulter und Kopf in das Wasser. Die Schulter ist dabei ab dem Aushub stark angehoben und überstreckt (Rollbewegung), sodass Sie einen möglichst langen Zugweg nach dem Wasserfassen bekommen. Ähnlich wie beim Kraulen sollen Sie durch diese schmale Haltung die Luftbläschen von der Hand abstreifen, damit Sie schnell guten Druck an den Handflächen aufbauen können. Diese werden jetzt nach kurzem Verhar-

---

Meine Tipps

- Blicken Sie beim Rückenschwimmen im Normalfall nach vorne-oben. Sie bekommen damit nicht nur eine bessere Wasserlage, sondern können sich peripher leichter orientieren. Der Blick nach hinten bringt Sie in die ungünstige »Badewannen-Sitzhaltung«.
- Als kleine Vorübung versuchen Sie, sich zunächst mit kleinen Ruderbewegungen der Hände an der Wasseroberfläche zu halten bzw. sich vorwärtszubewegen.
- »Radfahren« verboten! Damit treten Sie nur das Wasser und erzeugen kaum Vortrieb.
- Bewegen Sie Ihre Beine in flottem Tempo, erst dann werden Sie vorankommen.

---

1 Fehler: Füße aus dem Wasser, das Kinn auf der Brust

2 Fehler: Knie aus dem Wasser, Blick nach hinten

DIE RICHTIGE TECHNIK

A Mit der Kleinfingerseite einsetzen

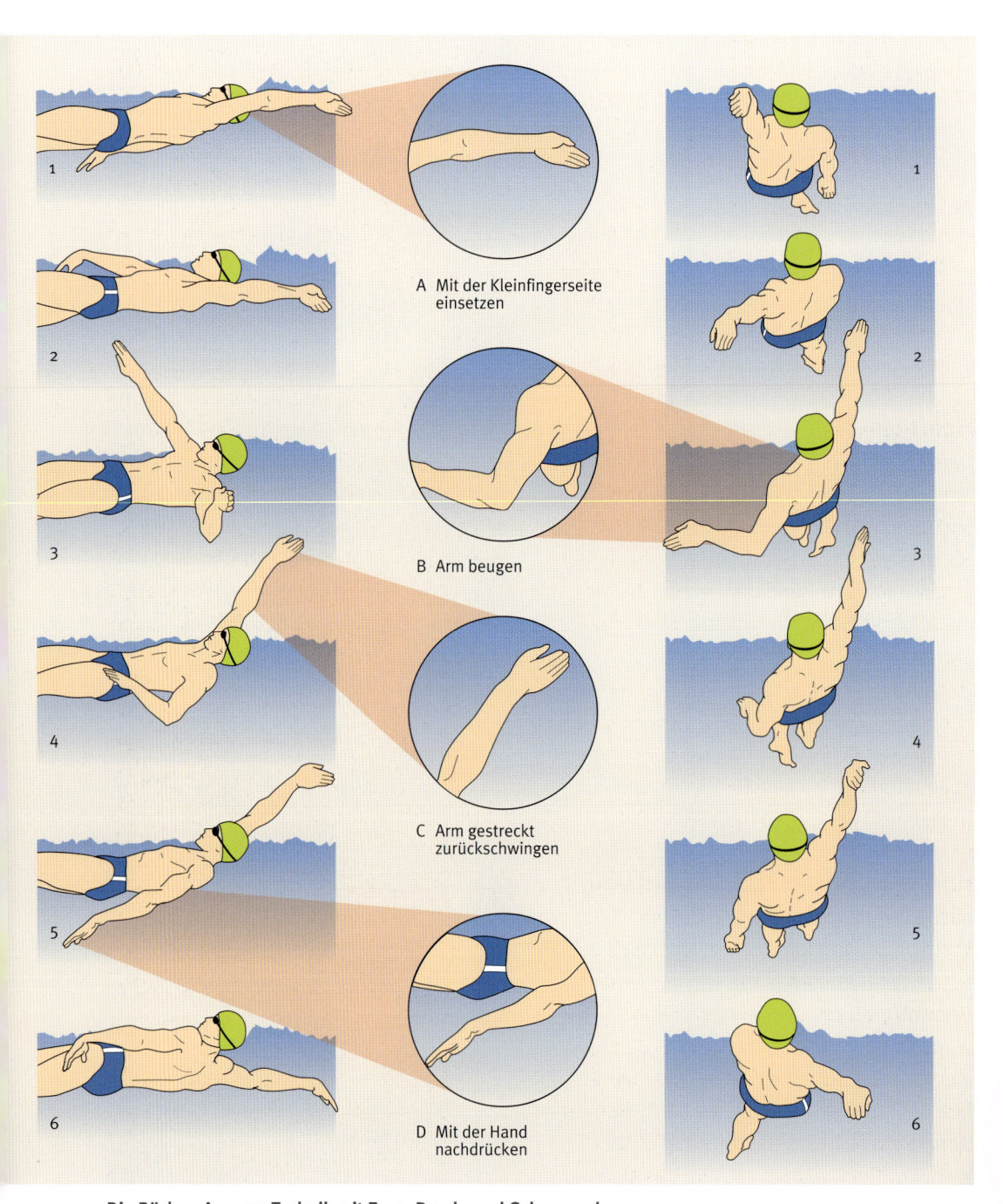

B Arm beugen

C Arm gestreckt zurückschwingen

D Mit der Hand nachdrücken

Die Rücken-Armzug-Technik mit Zug-, Druck- und Schwungphase

Das Rückenschwimmen

ren knapp unter der Wasseroberfläche gegen die Schwimmrichtung gestellt. Das Absinken des Arms wird durch eine Rollbewegung des Körpers um die Längsachse verstärkt. Diese Rollbewegung ist notwendig, damit der Zugarm in gebeugter Haltung knapp unter der Wasseroberfläche bleibt und nicht die Wasseroberfläche durchbricht. Zudem kann der Zugarm tiefer und effektiver ziehen, während die Schulter des Schwungarms weniger Wasserwiderstand bietet.

Antriebsphase

Damit beginnt die Phase des Vortriebs. Die Hand zieht zunächst bis zur Schulterhöhe und drückt danach in weitgehend gleicher Stellung gegen die Schwimmrichtung. Insgesamt führt die Hand den ganzen Zug an, der Ellbogen bleibt zunächst »hoch«, damit eine große Fläche von Hand, Unter- und Oberarm gegen die Schwimmrichtung ziehen und drücken kann. In Höhe der Schulterachse ist der Arm im Ellbogen etwa 90° gebeugt. Damit werden für die Hauptantriebsmuskeln bessere Hebelverhältnisse erzeugt. Zum Ende der Druckphase streckt sich der Arm im Ellbogen, die Hand klappt nach abwärts und erzeugt dabei nochmals Vortrieb. Unmittelbar danach – ohne Pause neben dem Oberschenkel – heben Sie die Hand abgeklappt oder mit der Daumenseite voran aus dem Wasser. Die Rollbewegung wechselt jeweils mit dem dynamischen Aushub der Hand zur entsprechenden Seite. Sobald ein Arm das Wasser verlässt, beginnt der Gegenarm zu ziehen. Das sichert einen gleichmäßigen Antrieb.

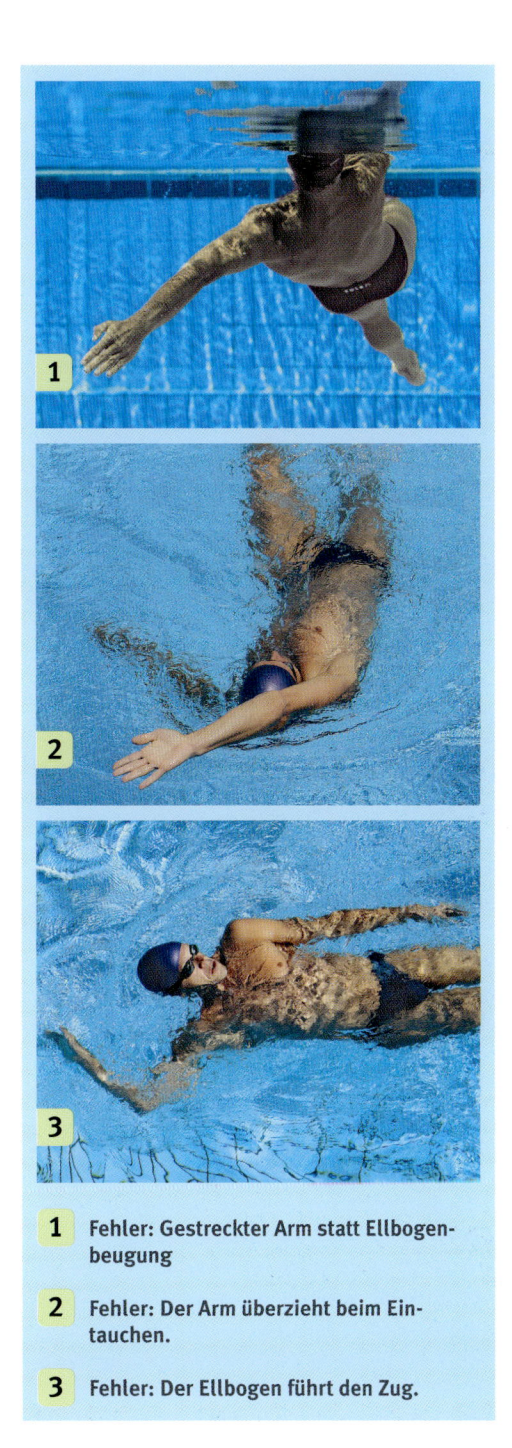

1 Fehler: Gestreckter Arm statt Ellbogenbeugung

2 Fehler: Der Arm überzieht beim Eintauchen.

3 Fehler: Der Ellbogen führt den Zug.

DIE RICHTIGE TECHNIK

Gesamtbewegung und Wasserlage

Das gebräuchlichste Koordinationsmuster beim Rückenkraulschwimmen ist der **Sechserbeinschlag**, das heißt, auf einen Armzyklus schlagen die Beine sechsmal auf und ab. Im Gegensatz zum Kraulschwimmen stellt sich die Koppelung von Arm- und Beinbewegung meist unbewusst ein, der Rhythmus der Beinbewegung ordnet sich dem der Armbewegung unter. Um Schlängelbewegungen des Körpers durch die Armzugbewegung weit außerhalb der Körperlängsachse zu vermeiden, muss bei ganz ruhig gehaltenem Kopf deutlich um die Körperlängsachse gerollt werden. Der Kopf übernimmt die Funktion des Stabilisators. Die Koordination der Arme untereinander lässt sich von außen gut beobachten. Immer dann, wenn ein Arm ins Wasser taucht, sollte der andere die Druckphase beenden (4), was einer Phasenverschiebung von ca. 180° entspricht (beim Kraulen 90°).

Wasserlage

Stellen Sie Ihren Körper zwischen 6 und 10° zur Wasseroberfläche an: Beim ruhigen Schwimmen flacher, beim Sprint etwas steiler, damit Ihre Beine weiter ausholen und stärker antreiben können und damit Sie in eine Lage ähnlich einem Tragflächenboot kommen. Liegen Sie zu flach im Wasser, schlagen die Füße in die Luft, und der Beinschlag verliert an Effektivität.
Die Ohren werden gerade vom Wasser umspült, die Brust ist dabei etwas vorgewölbt

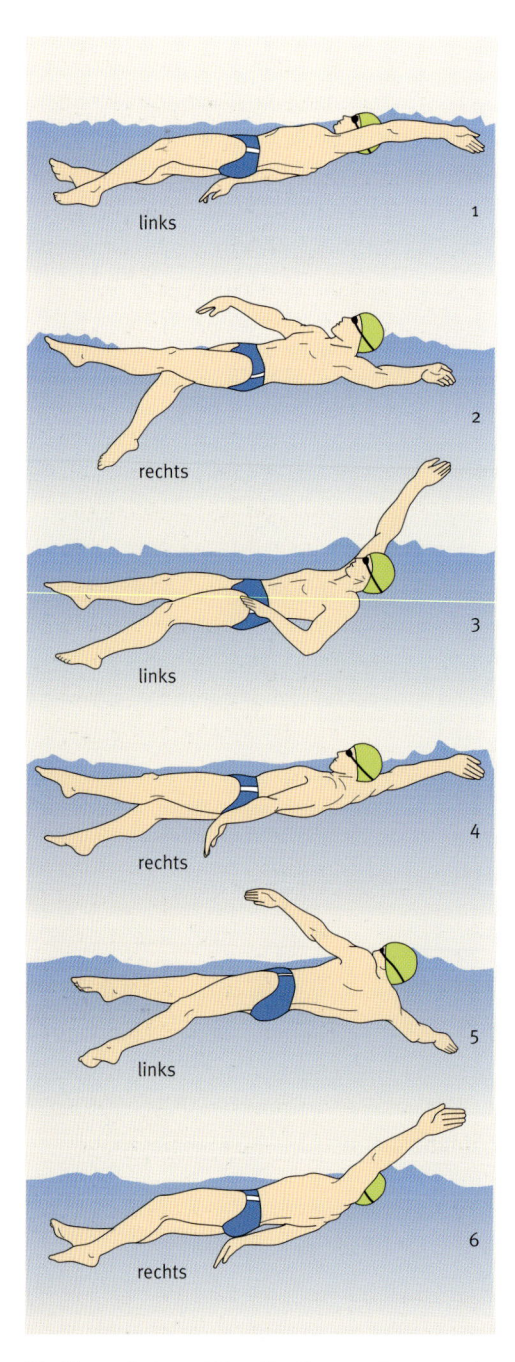

Die Wasserlage und Koordination von Armen und Beinen beim Rückenschwimmen

(Seite 70, 1), der Rücken flach. Vermeiden Sie eine Hohlkreuzbildung, diese drückt die Schultern unter Wasser, Sie erzeugen Abtrieb statt Auftrieb. Die Hüfte befindet sich, ohne abzuknicken, knapp unter der Wasseroberfläche. Der Blick richtet sich, wie schon erwähnt, immer nach vorwärts-aufwärts (3).

Die Atmung

Idealerweise atmen Sie beim Rückenschwimmen auf einen Armzug ein und auf den nächsten aus. Das bedeutet, während ein Arm in der Überwasserphase ist, atmet man kräftig nur durch den Mund ein, während der gleichen Phase des Gegenarms durch Mund und Nase aus.
Lassen Sie sich bei der Einatmung nicht von den Wassertropfen irritieren, die Sie sich selbst mit dem Herausheben des Arms in den Mund »befördern«. Beim Rückenschwimmen können Sie etwas bedächtiger als bei den anderen Stilarten einatmen und müssen deshalb kaum Angst vor dem Schlucken von Wasser haben.
Dadurch, dass die Atemwege beim Rückenkraulschwimmen beinahe immer frei liegen, wird der Hobbyschwimmer zu einer unregelmäßigen Atmung verleitet.
Auch für den schnell schwimmenden Athleten ist der beschriebene Rhythmus kaum eine gesamte Wettkampfstrecke durchzuhalten. Wird die Sauerstoffversorgung aufgrund einer zu starken Muskelübersäuerung eingeschränkt, gehen Spitzenschwimmer im Verlauf eines Rennens automatisch in einen kürzeren Atemrhythmus über: Mit dem Herausheben eines Arms wird eingeatmet und mit dem Eintauchen desselben Arms bereits wieder ausgeatmet. Dieses schnelle Ein- und Ausatmen erfordert besonderes Training, damit es rhythmisch bleibt und nicht zu Seitenstechen führt.
Ein häufig zu beobachtendes Problem ist das Eindringen von Wasser in die Nasenhöhlen vor allem beim Gleiten in Rückenlage unter Wasser und bei der Rollwende. Dies liegt meist an der fehlenden Fähigkeit, durch die Nase langsam ausreichend Luft gegen das Eindringen des Wassers ablassen zu können. In der Regel ist die Ursache – eine zu enge Nasenscheidewand oder Ähnliches – genetisch bedingt und kann nur schwerlich durch Training verbessert werden. Einfache Abhilfe schaffen hier Nasenklammern (siehe Seite 22 ff.).

Lernweg Rücken-Beinschlag

Der Rücken-Beinschlag weist, bis auf die andere Lage im Wasser, nur in wenigen Teilbereichen Unterschiede zum Kraul-Beinschlag auf. Der methodische Weg ist daher beinahe identisch. Gehen Sie trotzdem Übung für Übung durch, die Wiederholung wird Ihrem Wassergefühl sicherlich gut tun.

Zum Einstieg
- Sie halten sich an einer Einstiegsleiter fest, beugen Ihr Standbein leicht und führen den anderen Fuß parallel zum Beckenrand

DIE RICHTIGE TECHNIK

vorwärts und rückwärts. Lassen Sie dabei Fuß-, Knie- und Hüftgelenk relativ locker, und spüren Sie, wie der Wasserdruck beim Vorwärtsschlag den Fuß einwärtsdreht.

- Sitz am Beckenrand: Die Arme stützen hinten ab, die Beine sind im Wasser. Nun schlagen Sie die Beine aus der Hüfte mit lockeren Fuß- und Kniegelenken auf und ab, sodass das Wasser richtig sprudelt. Holen Sie etwas tiefer aus als beim Kraul-Beinschlag.
- Liegestütz rücklings auf einer Treppe oder im stütztiefen Wasser: Führen Sie nun die Rückenkraul-Beinbewegung durch, und beobachten Sie die Fußstellung.
- Stoßen Sie sich im stehtiefen Wasser vom Beckenrand ab, und versuchen Sie sich mit Rücken-Beinschlag voranzutreiben. Beide Arme paddeln neben den Oberschenkeln unterstützend mit.
- Wiederholen Sie die Aufgabe, und versuchen Sie ohne Zuhilfenahme der Arme so weit wie möglich mit dem Beinschlag voranzukommen.
- Sollten Sie mit dem Auftrieb Schwierigkeiten haben, halten Sie ein Schwimmbrett vor der Brust und üben nun den Beinschlag auf diese Weise.
- Halten Sie das Brett unter dem Kopf, und schwimmen Sie weiter. Lassen Sie die Hüfte nicht in die »Badewannenposition« absinken.
- Erfolgserlebnisse und das erste Gefühl von Vortrieb verspüren Sie bestimmt, wenn Sie ein Partner an den Schultern hält und leicht zieht. Vergessen Sie aber nicht, mit den Beinen zu arbeiten.

1 Fehler: Sitzposition, da sich das Kinn auf der Brust befindet.

2 Fehler: Der Schwimmer hat eine zu steile Wasserlage.

3 Fehler: Ein Arm pausiert am Oberschenkel.

Das Rückenschwimmen

- Konnten Sie bis hierher noch immer keinen Vortrieb mit dem Beinschlag erzielen, hilft es ihnen, die Übungen mit Flossen zu wiederholen. Diese helfen, die Fußgelenke zu mobilisieren und erste Erfolgserlebnisse zu vermitteln. Lassen Sie die Knie nicht aus dem Wasser schauen.
- Schwimmen Sie nun den Beinschlag wieder am Schwimmbrett; halten Sie es dazu mit gestreckten Armen über den Kopf.

Zur Vertiefung und Fehlerverbesserung

- Als Variation und zum Erlangen eines besseren Wassergefühls lassen Sie die Füße einige Meter abwechselnd hoch aus dem Wasser schlagen und danach, ohne zu spritzen, knapp unter der Wasseroberfläche. Dasselbe führen Sie mit unterschiedlich tiefem Ausholen durch. Bald werden Sie die zum jetzigen Zeitpunkt für Sie richtige Schlagweite herausfinden.
- Variieren Sie als Nächstes Ihr Schwimmtempo. Ähnlich wie beim Kraulen benötigen muskulöse Schwimmer ein gewisses Grundtempo, damit Sie genug Auftrieb gegen das Absinken der Beine erzeugen.
- Halten Sie einen Arm gestreckt über dem Kopf, während die andere Hand neben der Hüfte mitpaddelt. Gestreckt bedeutet vor allem im Ellbogengelenk gestreckt; ansonsten erzeugen Sie zu viel Widerstand.
- Die hohe Schule hat erreicht, wer die Rückenkraul-Beinbewegung mit über Kopf gestreckten Armen schwimmen kann. Dies funktioniert nur mit absoluter Körperstreckung, ohne Hohlkreuz und mit kräftigem Beinschlag.

Simulation an einer Wand

- Probieren Sie nun aus, mit zusammengehaltenen Händen über Kopf die Rücken-Beintechnik zu schwimmen und dabei ein Schwimmbrett in der Luft zu transportieren.

Lernweg Rücken-Armzug und Atmung

Zum Einstieg

- Üben Sie zunächst die Rückenkraul-Armbewegung an Land: Stellen Sie sich im Abstand von ca. 20 cm mit dem Rücken vor eine Wand. Schwingen Sie einen Arm vorsichtig zurück, bis die Kleinfingerseite die Wand berührt. Das ist nur möglich, wenn Sie mit der Schulter »rollen«. Es folgt das »Wasserfassen«, dann das Ziehen bis auf

Schulterhöhe, wobei der Unterarm die Wand streift. Beim Drücken verlässt die Hand die Wand und berührt diese noch einmal am Ende des Nachklappens. Danach schwingen Sie den Arm erneut hoch. Mit dem Drücken wird die Rollbewegung in die andere Richtung begonnen.

- Gehen Sie im brusttiefen Wasser rückwärts, und drücken Sie sich mit der Rücken-Armbewegung kraftvoll vom Wasser ab. Atmen Sie bereits hier beim Gehen auf einen Armzug ein und auf den anderen wieder aus.
- Legen Sie sich immer weiter nach hinten, bis Sie durch den Armantrieb schwimmend vorwärtskommen. Drücken Sie sich dazu mit den Füßen leicht vom Boden in Schwimmrichtung ab, sodass Sie schnell in die richtige Schwimmlage kommen. Richten Sie Ihren Blick schräg nach oben. Die Beine dürfen entspannt mitbewegt werden. Auf ruhige und gleichmäßige Atmung achten.
- Sollte es im Schwimmbad eine Bahnentrennleine geben, ziehen Sie sich – langsam beginnend und im zweiten Teil immer schneller werdend – daran entlang. Lassen Sie aber nicht den Ellbogen den Zug führen (Seite 72, Fehler 3), sondern ziehen Sie mit »hohem« Ellbogen.
- Bei der Rückenkraul-Armbewegung können Sie sich von einem Partner an den Beinen unterstützen lassen. Auch ein leichtes Anheben der Hüfte kann bisweilen angebracht sein. Der Partner darf auf keinen Fall die Rollbewegung behindern.
- Nun sollte Ihnen die Rückenkraul-Armbewegung mit geringer Auftriebshilfe durch einen Pull-Buoy oder eine Ausgleichsbewegung der Beine in der Grobform gelingen.
- Falls Sie doch noch Probleme haben, üben Sie wie beim Kraulschwimmen mit Flossen.

Zur Vertiefung und Fehlerverbesserung

- Der kräftige Beinantrieb durch Flossen hilft Ihnen zu einer kontrollierten Ausführung der Armbewegung und einer Verbesserung der Wasserlage.
- Schwingen Sie beide Arme gleichzeitig über den Kopf, und ziehen Sie mit der sogenannten Rückengleichschlag-Armbewegung durch: beidseitiges Nachklappen der Hände und schnelles Herausschwingen der Arme. Drehen Sie die Hände etwas mehr nach außen, weil durch die fehlende Rollbewegung die Hände sonst die Wasseroberfläche durchbrechen würden. Atmen Sie ein, wenn Kopf und Oberkörper durch den beidseitigen Armantrieb nach oben gehoben werden. Atmen Sie aus, sobald der Kopf in der Schwungphase überspült wird. Führen Sie dabei einen regelmäßigen Rücken-Beinschlag durch.
- Schwimmen Sie dieselbe Doppelarmzug-Übung rhythmisch mit Brust-Beinschlag. Durch den besseren Beinantrieb ergibt sich bei geübten Schwimmern eine entspannende Gleitphase.
- Mit Pull-Buoy zwischen den Oberschenkeln hatten Sie vermutlich Schwierigkeiten, den Körper ruhig im Wasser zu halten. Die stabilisierende Wirkung des Beinschlags ist nämlich deutlich verringert. Konzentrieren

Sie sich zur Stabilisierung deshalb auf die Rollbewegung.
- Ähnliche Probleme treten beim Schwimmen mit Paddles auf. Wenn der Druck zu stark in der horizontalen Ebene, also zur Seite verläuft, müssen die Beine eine Ausgleichsbewegung zur anderen Seite ausführen: Sie bewegen sich wie eine Schlange. Rollen Sie etwas weiter, sodass der Druck Ihres Armzugs mehr in der Senkrechten verläuft. Ihre Wasserlage stabilisiert sich wieder.
- Eine exakte Technik fordert die Kombination von Paddles und Pull-Buoy. Probieren Sie es aus, schwimmen Sie dabei nicht zu hastig.

Lernweg Rücken-Gesamtbewegung

Zum Einstieg

Analog dem Kraulschwimmen gibt es zwei Wege zur Koordination: Beginn mit Beinschlag, spätere Hinzunahme des Armzugs oder umgekehrt.

Stoßen Sie sich in Rückenlage vom Beckenrand ab. Atmen Sie dabei langsam durch Mund und vor allem Nase aus, damit kein Wasser in die Nase eindringen kann. Nach einer kurzen Gleitphase beginnen Sie mit der Beinbewegung. Erst nach 6 bis 10 m nehmen Sie die Armbewegung dazu. Nach einigen Zügen spielt sich der Rhythmus

Doppelarmzug mit Wechselbeinschlag

DIE RICHTIGE TECHNIK

normalerweise ein. Konzentrieren Sie sich hauptsächlich auf flüssige Armbewegungen mit schnellem Aushub der Arme. Sehr häufig führt exaktes Durchführen des Armzugmusters zu Pausen neben dem Oberschenkel. Die Folgen sind ein falscher Rhythmus sowie eine Vergrößerung des Frontalwiderstands.

- Schwimmen Sie zur Schulung der exakten Durchführung des Zugmusters beide Varianten des Einarmschwimmens: a) Ein Arm bleibt immer in Hochhalte. b) Ein Arm bleibt neben dem Oberschenkel. Der Gegenarm führt bei kräftiger Beinbewegung die Armbewegung aus. Wechseln Sie nach jeder Bahn den Arm. Variante a) behindert etwas die Rollbewegungen.
- Auch durch Abschlagschwimmen mit Variationen kann man das Wasserfassen verbessern: 2-mal rechts, dann 2-mal links ziehen. Während der eine Arm zieht, bleibt der andere in Hochhalte über dem Kopf ausgestreckt, bis ihn der Zugarm berührt. Wechseln Sie später auf 1-mal links, 1-mal rechts.
- Sie sollten jetzt die Gesamtbewegung mit regelmäßiger Atmung in ruhigem Tempo schwimmen.
- Wenn Ihr Körper eher flach wie ein Brett auf dem Wasser liegt, können Sie folgende Korrektur anwenden: Rollen Sie übertrieben um die Längsachse. Schwimmen Sie dann Rückenkraul-Beinbewegungen in Seitenlage rechts, während beide Arme in Hochhalte sind. Nach 8 bis 10 Beinbewegungen, zusammen mit einem Armzug mit rechts, schwingen Sie den linken Arm weit zur linken Seite und rollen zur Seitenlage links. Dort führen Sie wieder 8 bis 10 Beinbewegungen durch.

Kaffeepause mal anders

Das Schmetterlingsschwimmen

Schmetterlingsschwimmen ist die mit Abstand kraftraubendste Stilart. Weil beide Arme den Regeln entsprechend über Wasser nach vorne gebracht werden müssen, ist eine sehr gute Beweglichkeit im Schulterbereich von Vorteil.

Entstanden ist das Schmetterlingsschwimmen aus der Brusttechnik. In den 30er- und 40er-Jahren des letzten Jahrhunderts gab es im Regelwerk des Brustschwimmens noch keine Einschränkung bezüglich des Vorbringens der Arme. Es war nur eine Frage der Zeit, bis ein findiger Athlet diese Lücke ausnutzte und auf einen Brust-Beinschlag einen Schmetterling-Armzug schwamm. Von oben gesehen sieht diese alte Technik in der Phase, in der die Arme nach vorne gebracht und die Beine angezogen werden, aus wie ein Schmetterling oder auf Englisch »butterfly«. Innerhalb kürzester Zeit wurde die Weltbestzeit im »Brustschwimmen« enorm verbessert. Dies führte 1953 zu einer Abkoppelung der beiden Stilarten und einer Verschärfung des Brustreglements. Da gute Kraulschwimmer häufig Probleme mit dem Brust-Beinschlag haben und den Ristschlag bevorzugen, entstand gerade in deren Reihen die Koordination des doppelten Ristschlags mit dem Schmetterling-Armzug. Im Jahre 1956 war die junge Technik erstmals olympisch. Heute werden über 50, 100 und 200 m internationale Meister gekürt.

Nach momentanem Reglement ist der Brust-Beinschlag nur noch in den Wettbe-

Das Schmetterlingsschwimmen – eine wahrhaft »majestätische« Disziplin

werben der »Masters«, also der Senioren, zulässig. Weitere Einschränkungen gibt es bezüglich der Beinschläge unter Wasser. Ähnlich wie beim Rückenschwimmen sind einige Weltklasseathleten nur mit Beinschlag unter Wasser schneller als mit der Gesamtbewegung an der Wasseroberfläche. Damit dieser Umstand nicht zu »Tauchwettbewerben« führt, wurde auch hier eine Beschränkung auf 15 m unter Wasser nach Start und Wenden eingeführt. Entscheidendes Kriterium ist, dass beide Arme gleichzeitig unter Wasser nach hinten und über Wasser nach vorne gebracht werden. Daneben heißt es noch: »Alle Bewegungen der Füße und Beine müssen gleichzeitig ausgeführt werden... Die Füße und Beine brauchen nicht auf gleicher Ebene zu sein, aber wechselseitige Bewegungen (Kraul-Beinschlag) sind nicht erlaubt... Bei jeder Wende und am Ziel muss der Schwimmer mit beiden Händen gleichzeitig anschlagen.«
Diese Regeln grenzen die Schmetterlingstechnik klar von den übrigen Stilarten ab. Der Spielraum für Entwicklungen scheint nicht sehr groß zu sein.
Die synonyme Bezeichnung Delphinschwimmen leitet sich von den delphinähnlichen Körper- und Beinbewegungen des Schwimmers ab.

Die Beinbewegung

Den Schmetterling-Beinschlag muss man differenziert betrachten. Zum einen wird der Beinschlag isoliert zur Aufrechterhal-

Richtige Fuß- und Beinstellung

tung der hohen Geschwindigkeit nach dem Abstoß in allen Techniken, auch beim Brusttauchzug, eingesetzt, zum anderen bringt er innerhalb der Gesamttechnik Schmetterling Vortrieb und unterstützt das Herausschwingen der Arme sowie das Kopfheben zur Atmung.
Beim alleinigen Üben werden alle Beinschläge in der gleichen Intensität und mit der gleichen Ausschlagweite geschwommen. Die beiden Schläge der Gesamtbewegung unterscheiden sich in Amplitude und Dynamik.
Grundsätzlich ähnelt der Bewegungsablauf einer beidbeinigen Kraul-Beinbewegung. Die Abwärtsbewegung beginnt mit einem leichten Beugen in den Hüftgelenken, bei

Das Schmetterlingsschwimmen

lockeren Knie- und Fußgelenken. Während sich dadurch die Füße und Unterschenkel noch aufwärtsbewegen, sinken die Oberschenkel bereits ab. Vor dem kräftigen Abwärtsschlag der Unterschenkel sind die Knie ca. 120° gebeugt (1). Am tiefsten Punkt der Abwärtsbewegung sind die Beine vollständig gestreckt und nahe beieinander (2 bis 5). Die Füße schlagen noch nach unten nach, während die Oberschenkel bereits den Aufwärtsschlag einleiten. Bei dieser Beinstreckung hebt sich die Hüfte. Bereits zu Beginn der Abwärtsbewegung werden die Großzehen durch den Wasserdruck zueinander gedreht, die Fersen stehen außen. Während der Aufwärtsbewegung sind die Füße parallel.

Im Anfängerbereich ist sehr häufig das Einleiten des Schmetterling-Beinschlags durch eine starke Wellenbewegung von Händen, Armen und dem Kopf zu beobachten. Im methodischen Weg ist dies kurzzeitig akzeptabel, sollte aber nicht zu oft geübt werden. Es führt sonst später bei der Gesamtbewegung zu einer übergroßen Amplitude, das bedeutet, der Schwimmer bewegt

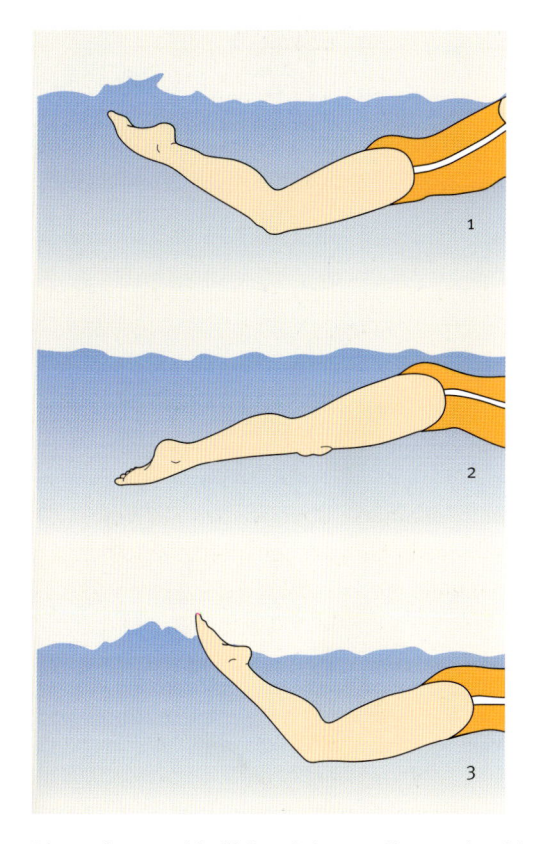

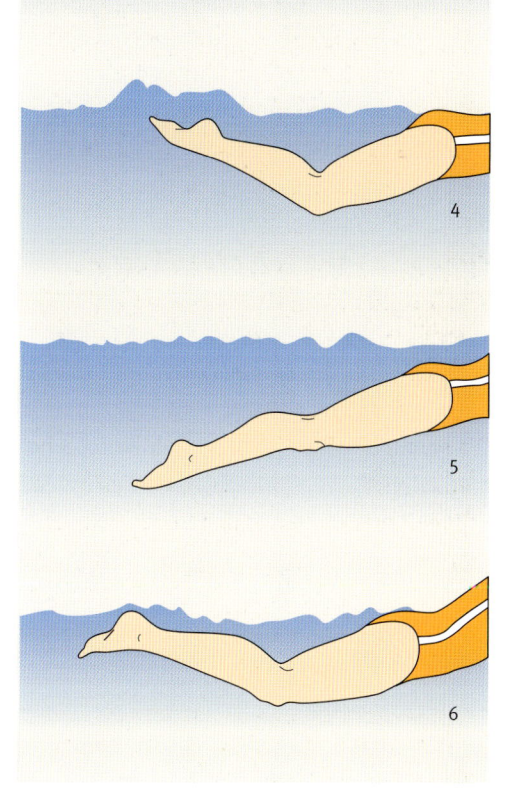

Die zwei unterschiedlichen Schmetterlings-Beinschläge

DIE RICHTIGE TECHNIK

sich mehr auf und ab als nach vorne in Schwimmrichtung.

Auffällig ist beim Unterwasserbeinschlag der Spitzenschwimmer, dass der Beinschlag bereits mit Bewegungen im Bereich der Lendenwirbelsäule beginnt und sich dann bis in die Fußspitzen fortsetzt. Die minimalen Bewegungen der oberen Extremitäten sowie des oberen Rumpfes haben lediglich stabilisierende Bedeutung. Für eine dynamische Ausführung des Schmetterling-Beinschlags sind neben einer gut ausgeprägten Beinmuskulatur vor allem starke Bauch- und Rückenmuskeln von Nöten.

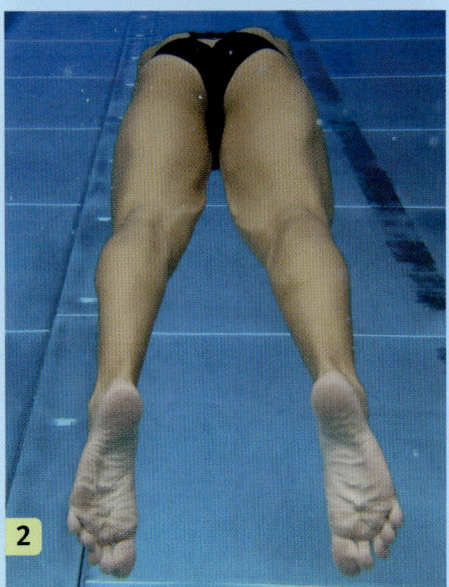

Die Armbewegung

Durch die gleichzeitige ==Beschleunigung== beider Arme bis zu den Oberschenkeln ==bringt der Schmetterlingsarmzug, neben==

1 Fehler: Beinschlag mit steifen Knien
2 Fehler: Füße nicht einwärts

Meine Tipps

- Schlagen Sie mit den Füßen nicht wie mit einem Baseballschläger aufs Wasser, sondern versuchen Sie das Wasser gleichsam wegzudrücken. Das Bewegungstempo nimmt dabei im Verlauf des Abwärtsschlags zu.
- Erhöhen Sie Ihre Anfangsgeschwindigkeit nach Start und Wende bei Kraul, Rücken und Delphin durch ein oder zwei Delphin-Kicks unter Wasser. Führen Sie diese sehr schnell und mit mittlerer Schlagweite durch. Stoßen Sie sich dazu etwas tiefer als gewöhnlich ab, um nicht mit den Füßen aus dem Wasser zu kommen. Steigern Sie die Anzahl bis zur 15-m-Marke.

Das Schmetterlingsschwimmen

dem Tauchzug des Brustschwimmens, den größten Vortrieb aller Stilarten. Leider folgt aber durch die relativ lange Antriebspause der Arme während des Vorschwungs ein starker Rückgang der Geschwindigkeit. Enorme Vortriebsschwankungen sind die Folge. Die Bewegungen beider Arme müssen nach den Regeln symmetrisch durchgeführt werden.

Wasserfassen – vorbereitende Phase

Das Wasserfassen beginnt mit dem Eintauchen der Hände in Schulterbreite. Hierbei streifen Sie die Luft ab, die beim Eintauchen von den Händen und Armen mitgerissen wird. Ihre Hände öffnen sich bis auf circa doppelte Schulterbreite und »verankern« sich im Wasser in etwa 30 cm Tiefe (Seite 82, 2). Zu diesem Zeitpunkt sind die Schultern beinahe so tief wie die Hände, während die Ellbogen in höherer Position bleiben. Durch die tiefe Lage der Schultern können Sie bereits sehr früh starken Druck aufbauen. Lassen Sie sich für das Wasserfassen Zeit: Je besser Sie mit den Händen ein Widerlager aufbauen können, desto größer wird die nachfolgende Beschleunigung ausfallen. Hastiges Eintauchen und mit Kraft »durchreißen« erschöpft Sie dagegen bereits nach wenigen Zügen.

Zug- und Druckphase

Mit Beginn der Zugphase drehen die Hände einwärts, sodass sie jetzt gegen die Schwimmrichtung zeigen. Nun bewegen sich die Hände auf die Körpermitte zu. Bis sie die Schulterhöhe erreichen, werden die Ellbogen, ähnlich dem Kraul- und Rückenschwimmen, bis etwa 90° gebeugt. Die Hände sind dadurch unter dem Körper kurzzeitig nahe beieinander (3), um sich in der weiteren Druckphase wieder voneinander zu entfernen (4). Neben den Oberschenkeln sollten die Hände mit fast gestreckten Armen das Wasser verlassen. Dabei werden die Hände eines Freizeitschwimmers mit der Handkante die Wasseroberfläche durchbrechen, wogegen Spitzenschwimmer bis zum Aushub die flachen Hände gegen die Schwimmrichtung halten können. Durch den kräftigen Abdruck hebt man auch bei einem Zug ohne Atmung die Schultern etwas aus dem Wasser.

Von unten gesehen beschreiben die Hände so ein Schlüsselloch.

Wie bei allen Arm- bzw. Beinbewegungen des Schwimmens sollte auch hier eine zunehmende Beschleunigung vom langsamen Wasserfassen bis zum kraftvollen Herausdrücken der Hände durchgeführt werden.

Schwungphase – überleitende Phase

Schwingen Sie nun die Arme, ohne abzubremsen, in weitem Bogen über die Seite nach vorne. Zunächst sind die Ellbogen ganz leicht gebeugt, werden im weiteren Vorschwung aber gestreckt, bis sie in Schulterbreite eintauchen. Die Handflächen weisen zunächst nach oben-außen, um sich dann bis zum Eintauchen nach unten zu drehen. Ihre Schultern müssen die gesamte Schwungphase über Wasser bleiben, damit Sie nicht mit den Oberarmen über das Wasser schleifen.

DIE RICHTIGE TECHNIK

A Arme in Schulterbreite einsetzen

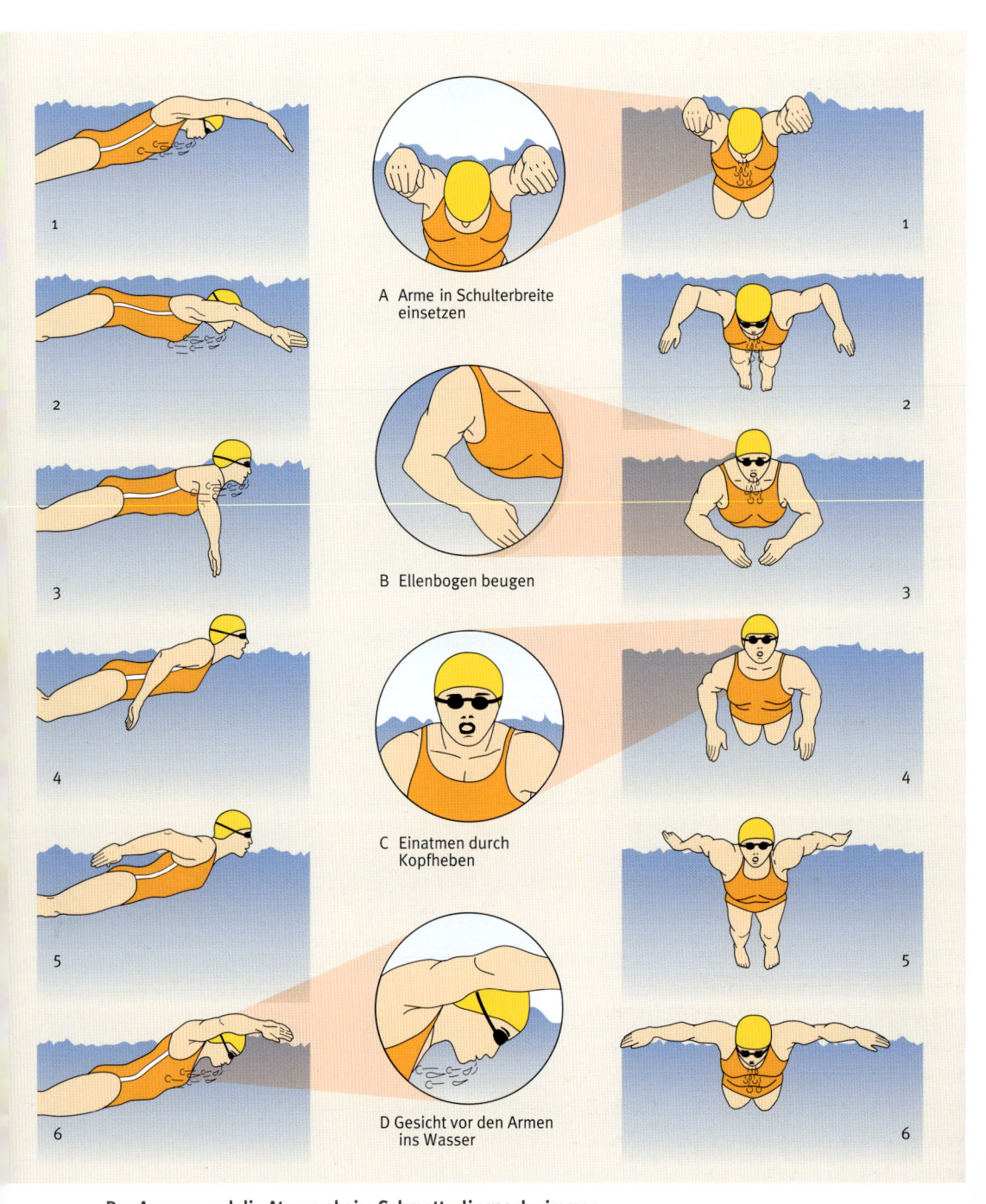

B Ellenbogen beugen

C Einatmen durch Kopfheben

D Gesicht vor den Armen ins Wasser

Der Armzug und die Atmung beim Schmetterlingsschwimmen

Das Schmetterlingsschwimmen

Gesamtbewegung und Wasserlage

Beim Schmetterlingsschwimmen wird die stabile Gleitbootlage, die wir beim Kraulschwimmen andauernd innehaben, in der vertikalen Richtung bewusst verlassen, um einzuatmen, die Arme nach vorne zu schwingen und die Beinbewegungen besser für den Vortrieb einsetzen zu können.

Arme und Beine

Die richtige Koordination der Beinschläge zum Armzug stellt für den Anfänger ein großes Problem dar. Von der überwiegenden Zahl von Sportschwimmern wird die Zweieratmung mit folgendem Koordinationsmuster verwendet:
Während eines Armzugs werden zwei Beinschläge ausgeführt. Um die erstrebte flache Lage an der Wasseroberfläche beizubehalten, wird nur bei jedem zweiten Armzug geatmet. Der erste Beinschlag erfolgt etwa beim Eintauchen der Hände und dient dazu, den Geschwindigkeitsverlust durch das Vorschwingen der Arme möglichst gering zu halten. Am Ende des Abwärtsschlages wird infolge der Körperwelle die Hüfte bis knapp über die Wasseroberfläche gehoben.
Ein zweiter Beinschlag unterstützt ab dem zweiten Teil der Druckphase das Herausschwingen der Arme sowie das Herausheben des Kopfes zum Einatmen über Wasser. Vor allem bringt dieser aber durch die große Vorspannung, die im ganzen Körper erzeugt wurde, enormen Vortrieb. Die Hüfte wird durch Anspannen der Gesäßmuskula-

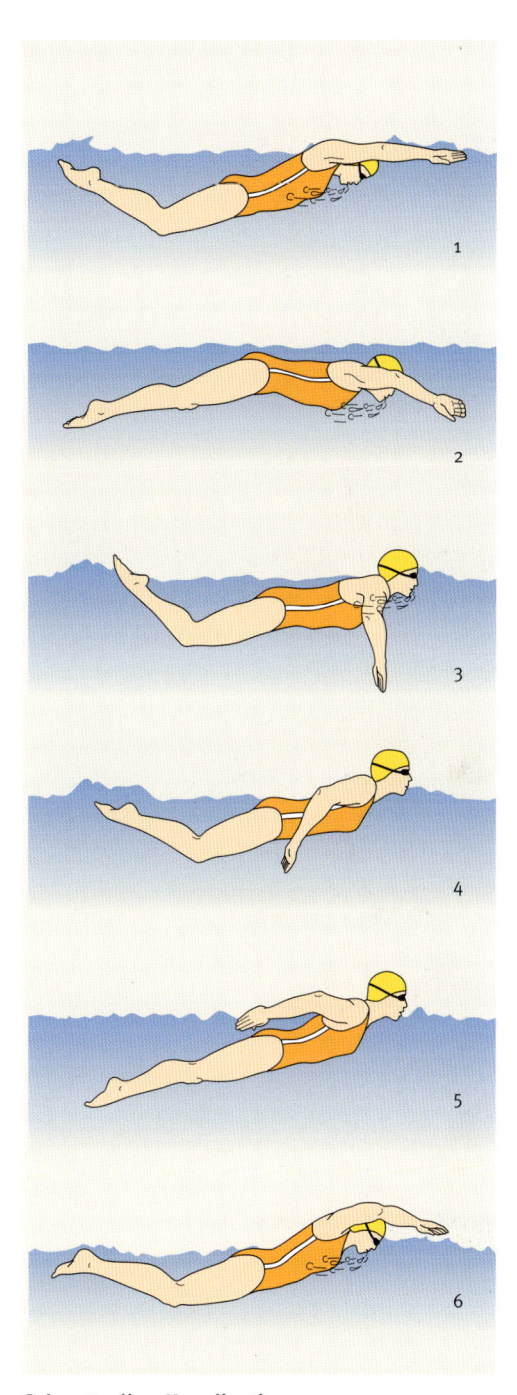

Schmetterling-Koordination

tur fixiert, so dass die Bewegung der Beine besser auf den Rumpf übertragen werden kann; das Herausheben des Oberkörpers wird erleichtert.

Wertigkeit der Beinschläge

Der erste Beinschlag ist also der wichtigere, weil er in einer antriebsarmen Phase wirkt. Der zweite ist, vor allem bei Sprintern, der kräftigere.
Ermüdete Schwimmer verzichten deshalb häufig auf den zweiten, weitaus anstrengenderen Beinschlag bzw. führen diesen nur sehr leicht und damit kräftesparend durch.

1 Fehler: Die Arme setzen zu weit außen ein.

2 Fehler: Die Arme sinken zu früh nach unten.

Die Atmung

Rhythmus

Wie bereits erwähnt, ist die am häufigsten praktizierte Variante die Zweieratmung. Nur auf jeden zweiten Armzug wird eingeatmet. Auch ohne Einatmung werden die Schultern für einen erleichterten Vorschwung der Arme etwas angehoben, das Gesicht bleibt jedoch im Wasser. Daneben gibt es noch die Eineratmung – also auf jeden Armzug ein- und ausatmen –, die ich Ihnen als methodische Hilfe dann empfehle, wenn Sie die Hüfte beim zweiten Beinschlag nicht unter der Wasseroberfläche halten können. Sprinter versuchen auch beim Schmetterlingsschwimmen, so viele Züge wie möglich ohne Atmung durchzuhalten, um den Schwimmrhythmus nicht zu stören.
Im Laufe der Druckphase beginnt der Schmetterlingsschwimmer durch den Mund einzuatmen. Dazu hebt man den Kopf in den Nacken und schaut kurz die Anschlagwand an. Unterstützt wird das Herausheben des Kopfes durch den zweiten Beinschlag. Atmen Sie schnell und kräftig durch den Mund ein. Dazu bleibt jedoch nicht viel Zeit, denn bevor die Arme im Vorschwung in Höhe des Kopfes sind, müssen Sie das Gesicht bereits wieder aktiv ins Wasser senken. Dies begünstigt den Aufbau des Widerlagers, durch das bessere Absinken der Schultern und damit auch den zweiten Beinschlag. Noch bevor die vorschwingenden Arme das Wasser erreichen, liegt das Gesicht wieder flach im Wasser. Nun lassen Sie durch die Nase leicht Luft ab, um Ein-

Das Schmetterlingsschwimmen

1 Fehler: Der Kopf müsste schon längst unter Wasser sein.

2 Fehler: Der Körper steht zu steil und zu hoch.

Lernweg Schmetterling-Beinschlag

Zum Einstieg und zur Vertiefung

- Wärmen Sie sich gut auf, und verbessern Sie die Beweglichkeit der Fußgelenke und des Rumpfes, vor allem im Hüftbereich, durch Gymnastik.
- Wiederholen Sie wegen der Ähnlichkeit des Ristschlags die Beinbewegungen von Kraul- und Rückenschwimmen.
- Setzen Sie sich an den Beckenrand, stützen Sie sich auf die Arme nach hinten, und führen Sie im Sitzen den Schmetterling-Beinschlag durch.
- Begeben Sie sich ins brusttiefe Wasser. Halten Sie nun die Hände vor dem Gesicht, und hechten Sie sich aus gebeugten Beinen mit rundem Rücken und dem Kinn auf der Brust ins Wasser (sogenannte Delphinsprünge).
- Tauchen Sie jetzt mit dem Delphinsprung bis zum Beckenboden. Dort drücken Sie sich mit den Händen vom Boden ab, und der nächste Sprung folgt. In der Luft wird kurz eingeatmet.
- Diese Delphinsprünge können Sie intensivieren, indem Sie nach dem Eintauchen unter Wasser noch ein paar Schmetterling-Beinschläge anfügen. Die Arme bleiben in Hochhalte.

Delphinsprünge stellen zwar eine gute Hilfe für das Erlernen der Gesamtkörperwelle dar, können aber unter Umständen zu einem falschen Rhythmus der Gesamtkoordination führen. Die Arme werden hier nämlich, anders als bei der Gesamttechnik, in Vor-

dringen von Wasser zu verhindern. Im Laufe der Zug- und zu Beginn der Druckphase atmen Sie durch Mund und Nase kräftig aus.

Zum Teil senken sogar Spitzenschwimmer auf den längeren Schmetterlingsstrecken nach der Atmung den Kopf sehr spät ab. Dies geht mit einem geringeren Absinken der Schultern und einem schwächeren zweiten Beinschlag einher und ist insgesamt weniger kraftaufwendig.

DIE RICHTIGE TECHNIK

Delphinsprung in hüfttiefem Wasser

halte liegen gelassen. Häufig werden beide Beinschläge fälschlicherweise in dieser »Ruheposition« durchgeführt.
- Versuchen Sie nach dem Abstoß von der Wand einige Schmetterling-Beinschläge mit den Händen in Vorhalte unter Wasser.
- Bei der Schmetterling-Bein-/Rumpfbewegung in Rückenlage können die Hände zunächst neben der Hüfte mitpaddeln. Zur Vertiefung nehmen Sie die Arme gestreckt über den Kopf (unter anderem Beweglichkeitsgymnastik für den Rumpf).
- Legen Sie sich auf die Seite. Der tiefer liegende Arm ist dabei vorgestreckt. Schwimmen Sie nun Schmetterling-Beinbewegungen in Seitenlage. Zur Atmung drehen Sie den Kopf wie beim Kraulschwimmen. Vorsicht, die Orientierung ist nicht ganz einfach.
- Benutzen Sie Flossen, falls Ihnen der Antrieb nicht gelingen will.
- Zur Vertiefung sollten Sie Schmetterling-Beinbewegungen in allen Schwimmlagen (Brust-, Seiten-, Rückenlage) je Bahn im Wechsel üben bzw. auf einer Bahn gleich hintereinander, wie ein Korkenzieher.
- Ich empfehle Ihnen den Schmetterling-Beinschlag am Schwimmbrett lediglich als methodischen Schritt. Zum Trainieren ist er aus orthopädischer Sichtweise nur für Leistungsschwimmer und Sportler mit ausgezeichneter Rücken- und Bauchmuskulatur geeignet. Sie können hier allerdings gut zwischen relativ schwachem erstem Beinschlag und akzentuiertem zweitem Beinschlag unterscheiden.
- Üben Sie die Schmetterling-Beinbewegung ohne Brett mit Atmung: Beim ersten Schlag liegt der Kopf flach im Wasser, die Arme und Schultern sind lang gestreckt. Mit dem zweiten Schlag heben Sie den Kopf und atmen ein. Zur Erleichterung des Kopfhebens können Sie eine Mini-Brust-Armbewegung durchführen.
- Tauchen Sie im Sprungbecken zum Boden und stoßen Sie sich mit den Beinen von dort in Richtung Wasseroberfläche. Unterstützen Sie das Auftauchen mit kräftigen und schnellen Schmetterling-Beinschlägen, sodass Sie gleichsam aus dem Wasser schießen. Die Arme halten Sie zunächst neben dem Körper, später gestreckt nach oben.

Lernweg Schmetterling-Armzug und Atmung

Zum Einstieg und Vertiefung
- Stellen Sie sich an Land in Schrittstellung auf, beugen Sie Ihren Oberkörper fast bis zur Horizontalen nach vorne, und beginnen

Sie mit vorgehaltenen Armen die Schmetterling-Armbewegung. Beschreiben Sie dabei die Form eines großzügigen Schlüssellochs: nach außen, nach innen und wieder nach außen. Sobald Sie das Armzug-Muster in der Grobform beherrschen, sollten Sie die richtige Atmung hinzunehmen. Beginnen Sie mit der Atmung bereits dann, wenn sich die Hände noch schräg vor dem Körper befinden.
- Sie gehen nun in brusttiefes Wasser und wiederholen den Armzug zunächst im Stand und Gehen ohne Atmung, später mit Atmung. Achten Sie auf eine ansteigende Beschleunigung der Arme bis zum Aushub.
- Gehen Sie weiter, hechten Sie sich nach vorne, und versuchen Sie, drei, vier Armzüge im freien Wasser ohne Atmung zu schwimmen. Die Beine lassen Sie noch unbeachtet.
- Der Partner unterstützt Sie an den Füßen. Sie versuchen die Armbewegung auszuführen. Ihr Partner muss der Wellenbewegung nachgeben. Achtung! Partnerübungen sind beim Schmetterlingsschwimmen nur bedingt geeignet. Zu leicht wird vom Partner die Körperwelle, ein Schlüsselelement guter Technik, blockiert.
- Zur Stabilisierung des Armzug-Musters können Sie die Schmetterling-Armbewegung mit Kraul-Beinbewegung über fünf bis sechs Züge schwimmen.
- Die Zielform Schmetterling-Armbewegung mit Pull-Buoy und regelmäßiger Atmung nach jedem zweiten Armzug ist technisch und konditionell sehr anspruchsvoll. Lassen Sie trotz Pull-Buoy die Beinbewegung locker mitlaufen.
- Rückengleichschlag-Armbewegung mit Schmetterling-Beinschlag dient zugleich als vertiefende Koordinationsübung und als Beweglichkeitsgymnastik.
- Defizite bei den Kraftfähigkeiten kann man mit den Übungen ab Seite 148 ausgleichen. Der Schmetterling-Armzug wird Ihnen danach wesentlich besser und vor allem öfter hintereinander gelingen.

Lernweg Schmetterling-Gesamtbewegung

Zum Einstieg und zur Vertiefung
Nachdem Sie Bein-, Rumpf- und Armarbeit isoliert gelernt und geübt haben, kommt nun der schwierige Teil der Koordination.
- Eine erste Übung dazu ist das Schwimmen mit kleiner Brust-Armbewegung und zeitlich richtigem Beineinsatz, das Sie bereits vorher üben konnten.
- Die Schlüsselübung schlechthin ist meiner Ansicht nach das sogenannte Schmetterling-Abschlagschwimmen. Zwei Schmetterling-Beinbewegungen werden mit einer einseitigen Kraul-Armbewegung koordiniert: Mit dem Eintauchen der Hand kommt der erste Beinschlag, wenn die Hände unter dem Bauchnabel durchziehen, der zweite. Atmen Sie dabei auf die Zugarmseite mit jeder Armbewegung.
- Wechseln Sie nun die Zugarmseite nach jeder Bahn. Legen Sie durch eine verbale Hilfe den richtigen Rhythmus sowie die unterschiedliche Intensität der beiden Beinschläge fest: »Eins uuuund **zwei**«.

DIE RICHTIGE TECHNIK

- Schwimmen Sie jetzt eine Bahn im Wechsel jeweils zwei Kraul-Armbewegungen links und zwei rechts mit Schmetterling-Beinschlägen.
- Gehen Sie nun auf eins links und eins rechts.
- Wagen Sie sich nun über folgende Kombinationsübung an die Gesamtbewegung: zwei links, zwei rechts, zwei Zyklen Gesamtbewegung – Atmung beim Einarmschwimmen.
- Schwimmen Sie aus dem Abstoß von der Wand die Schmetterling-Gesamtbewegung. Versuchen Sie, ab und zu nach vorne zu atmen.
- Um die Schmetterlingstechnik auch über eine ganze oder mehrere Bahnen ohne Erschöpfung schwimmen zu können, benötigen Sie eine rhythmische Atmung. Atmen Sie deshalb zunächst mit jedem zweiten Armzug ein. Probieren Sie auch auf jeden Armzug zu atmen. Entscheiden Sie sich für die angenehmere Variante.

Zur Vertiefung und Fehlerverbesserung

- Sollte Ihr Gesäß beim zweiten Beinschlag zu hoch an die Wasseroberfläche kommen – das bedeutet in der Regel, dass Sie die Beckenmuskulatur nicht fixieren –, kann Ihnen zur Verbesserung der Einer-Atemrhythmus helfen.
- Trainieren Sie die Schmetterling-Gesamtbewegung über eine kurze Strecke. Auf jeden Fall nur so weit, wie Sie die Technik stabil durchhalten können. Sonst besteht die Gefahr, dass gravierende Technikfehler auftreten und sich einschleifen. Weniger ist hier mehr!

Zur Rhythmusschulung: Kraul-Armzug mit Schmetterling-Beinschlag

Die Starts

Die drei Stilarten Kraul-, Brust- und Schmetterlingsschwimmen werden mit einem Sprung vom Startblock begonnen, das Rückenschwimmen von der Wasseroberfläche aus. Das Startkommando beginnt mit mehreren kurzen Pfiffen, nach denen sich die Schwimmer bereithalten. Es erfolgt ein langer Pfiff. Dieser bedeutet beim Sprung von oben, sich auf den Block zu stellen, bzw. für das Rückenschwimmen, sich in das Wasser zu begeben. Das Einkrallen mit den Zehen und Einnehmen der Startposition ist bereits erlaubt. Der Rückenschwimmer erhält noch einen weiteren langen Pfiff als Zeichen, dass der Start unmittelbar bevorsteht. Nun folgt das Kommando »Auf die Plätze!« und danach bereits sehr schnell ein Schuss, Pfiff, Hupton oder Ähnliches als Zeichen, das Rennen zu beginnen.

Der Startsprung vom Block

Der Startsprung vom Block hat in den letzten Jahren einen Wandel von einem beinahe hölzern wirkenden »Weit-Sprung« zu einem geschmeidigen »Ins-Wasser-Schlüpfen« vollzogen. Aus unbewegter, gespannter Ausgangsstellung versucht der Schwimmer in eine günstige Flugkurve hinein kräftig abzuspringen und mit geringem Widerstand einzutauchen, um dann mit einem harmonischen Übergang, entsprechend den Wettkampfbestimmungen, das Schwimmen zu beginnen.

Seit Ende der 1970er-Jahre hat der Start mit Armschwung dem Grabstart Platz gemacht. Der Vorteil des Armschwungstarts durch die Massenbeschleunigung wird durch die lange Verzögerung nach dem Startkommando vernichtet. Aus diesem Grund wird der Armschwungstart heute nur noch innerhalb von Staffelwettbewerben eingesetzt, da dort »fliegend«, also ohne Kommando, gestartet wird. Ich verwende ihn außerdem als methodisches Mittel.

Der Grabstart (Greifstart)

(Englisch: to grab = greifen) Sie stehen an der Startblock-Vorderkante und krallen sich mit den Zehen gegen Abrutschen und für einen guten Abdruck fest ein. Greifen Sie die Kante neben oder zwischen Ihren Füßen mit den Händen. Der Daumen liegt neben dem Zeigefinger und steht nicht etwa auf der Plattform auf.

Zwei Varianten der Kopfhaltung:
- Zwischen den Armen mit Blick nach hinten (Seite 90, 1). So können Sie den Kopf als Schwungmasse einsetzen. Dies bewirkt allerdings eine leichte Verzögerung und kann zu Orientierungsproblemen führen.
- Vor den Armen mit dem Blick schräg nach vorne aufs Wasser (2). Schnelleres Wegkommen vom Block mit guter Orientierung, dafür etwas weniger Schwung.

Beim Startsignal ziehen Sie sich kurz an der Startblock-Kante nach unten (3). Dann stoßen Sie die Hände und Arme kraftvoll nach

DIE RICHTIGE TECHNIK

Der Grabstart vom Block mit Bücke: die häufigste Variante beim Kraulschwimmen

Die Starts

vorne und blockieren den Schwung in der Verlängerung des Oberkörpers (4). So kann der Schwung der Arme auf den Körper übertragen werden. Während dieser Armbewegung haben Sie die Beine leicht gebeugt und lassen sich nach vorne fallen. Sobald die Unterschenkel in der Horizontalen sind und die Oberschenkel senkrecht dazu, springen Sie kräftig ab (4). Somit kommen Sie schnell vom Startblock und fliegen nicht maximal, sondern optimal weit. Einen leichten Hüftknick (7) lösen Sie vor dem Eintauchen auf. Der ganze Körper sollte spritzerlos (= widerstandsarm) in einem Loch verschwinden (8, 9). Beim Kraulstart tauchen Sie etwas flacher (ca. 30°), bei Brust wegen des Tauchzugs steiler (bis 45°) ins Wasser. Je nachdem, ob Sie Delphinkicks unter Wasser durchführen oder nicht, müssen Sie beim Schmetterlingsschwimmen den Eintauchwinkel variieren.

Beachten Sie die Varianten in der Startstellung und in der Flugphase. Der Track-and-Field-Start zeichnet sich durch eine Schrittstellung und eine längere Beschleunigungsphase aus.

Der Hock- oder Froschstart bewirkt durch einen verstärkten Rotationsimpuls ein steileres Eintauchen – vorteilhaft für die Tauchphasen bei Brust und Delphin. Daneben existieren noch einige individuelle Techniken zum Vorbringen der Arme, deren Darstellung allerdings den Rahmen des Buches sprengen würde.

Der Rückenstart

Auch der Rückenstart hat sich in den letzten Jahren stark verändert, besonders hinsichtlich der Flugphase. Noch vor einiger Zeit ging es vor allem darum, möglichst schnell und weit zu fliegen, um dann umgehend mit den Schwimmbewegungen an der Wasseroberfläche beginnen zu können. Heute ist das Ziel ein widerstandsarmes, steiles Eintauchen, um sich dann unter Wasser die er-

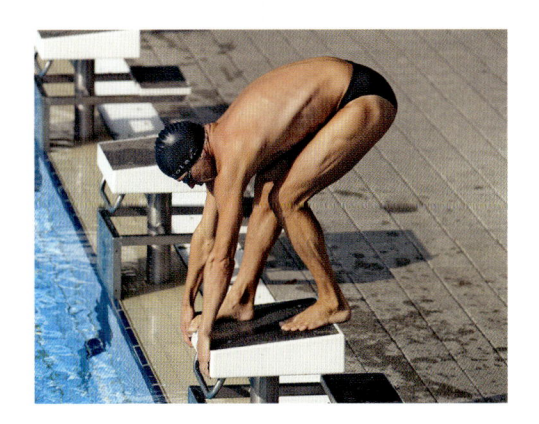

Die Track-and-Field-Startposition

Der Hock- oder Froschstart

DIE RICHTIGE TECHNIK

laubten 15 m tauchenderweise mit einer Schmetterling-Beinbewegung in Rückenlage fortzubewegen. Um – wie beim Start vom Block – mit dem ganzen Körper in ein Loch schlüpfen zu können, muss die Flugkurve deutlich steiler gestaltet werden.

Der Regel entsprechend müssen Sie sich mit dem Blick zur Startwand und den Händen an den Haltegriffen platzieren, die Füße sind »an, über oder unter der Wasseroberfläche«. Sie dürfen sich nicht aus einer vorhandenen Rinne abstoßen.

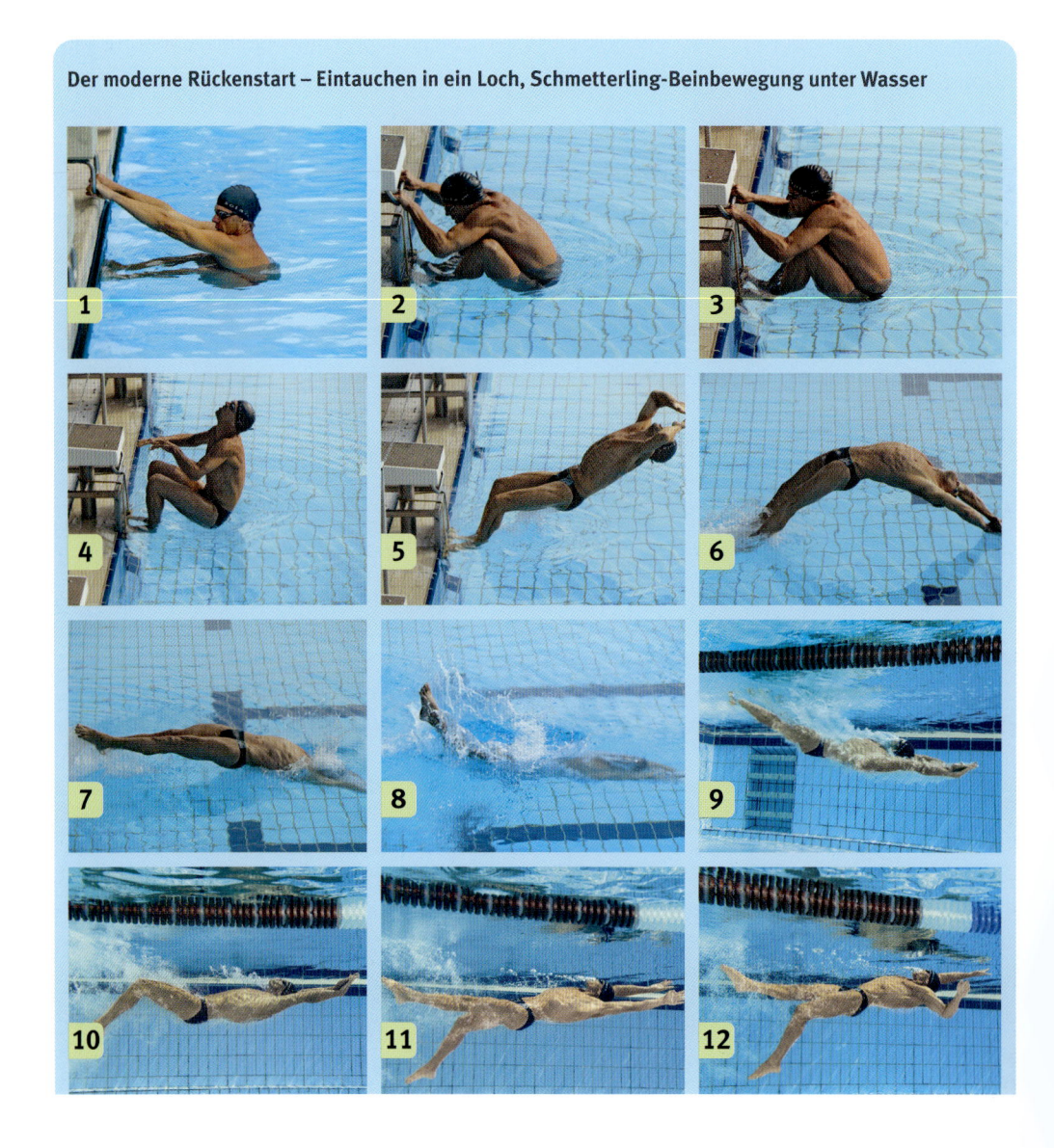

Der moderne Rückenstart – Eintauchen in ein Loch, Schmetterling-Beinbewegung unter Wasser

Die Starts

- In der Ausgangsstellung sind die Füße in leichter Schrittstellung oder auf gleicher Höhe und knapp unter der Wasseroberfläche an die Wand gestemmt. Stellen Sie Ihre Füße so an die Wand, dass Sie sich wohlfühlen. Ob Sie die Knie dabei öffnen oder geschlossen halten, bleibt Ihnen überlassen.
- Halten Sie sich mit den Händen etwa schulterbreit an den Griffen fest. Ziehen Sie sich mit den Armen zur Wand, und heben Sie dabei den Körperschwerpunkt leicht an (Seite 92, 2). Nehmen Sie das Kinn auf die Brust, damit Sie den Kopf später als Schwungmasse einsetzen können.
- Mit dem Startkommando drücken Sie die Hände von den Griffen ab (4) und werfen den Kopf in den Nacken, wodurch Sie kurzzeitig die gegenüberliegende Wand sehen sollten. Die Arme führen Sie auf kürzestem Weg, also gebeugt, über den Kopf (5) und strecken diese noch in der Luft wieder lang aus. Erst wenn der Körperschwerpunkt schon weit von der Wand entfernt ist, stoßen Sie sich mit den Füßen ab (5). Erfolgt die Beinstreckung zu früh und damit zu steil nach oben, werden Sie nicht in die Rumpfüberstreckung gelangen, sondern in einer sitzenden Haltung ins Wasser fallen. In einer Hohlkreuzstellung (6) tauchen in der Reihenfolge Hände, Arme, Kopf, Rumpf und erst zum Schluss die Beine möglichst spritzerlos ins Wasser. Steuern Sie sofort mit den übereinanderliegenden Händen und dem leicht zur Brust gezogenen Kinn gegen ein zu tiefes Abtauchen nach oben (8, 9).
- Diese Gegenregulation fällt stärker aus, wenn Sie nach der kurzen Gleitphase sofort mit der Gesamtbewegung beginnen wollen. Fangen Sie zunächst mit dem Wechselbeinschlag an (11), und nehmen Sie nach drei, vier Schlägen den ersten Armzug hinzu (12). Um den ersten Arm widerstandsarm herausheben zu können, müssen Sie mit dem Ende des ersten Armzuges an der Wasseroberfläche sein.
- Wollen Sie jedoch noch mit einigen Schmetterling-Beinschlägen unter Wasser in Rückenlage weiterschwimmen (10), müssen Ihre Arm- und Kopfhaltung sowie Ihre Körperlage länger in die Horizontale ausgerichtet sein. Lesen Sie zur Technik des Schmetterling-Beinschlags in Rückenlage unter »Rücken-Beinschlag« nach.
- In beiden Fällen sollte der Übergang von der Startphase zum Schwimmen stetig und harmonisch verlaufen und zu keinem Geschwindigkeitsverlust durch zum Beispiel zu steiles Auftauchen führen.
- Ist die Startwand sehr rutschig, dann starten Sie besser aus einer Griffhaltung mit gestreckten Armen und ohne Hochziehen des Körpers (1). Ihre Flugkurve wird dabei wohl etwas flacher werden, dafür vermeiden Sie aber das lästige Abrutschen mit den Füßen, weil der Körperschwerpunkt gar nicht in eine »abrutschgefährdete« Lage kommen kann (3).
- Lassen Sie sich nicht von den extrem hohen Startpositionen der Profischwimmer verunsichern: Diese werden durch die ausgesprochene Rutschfestigkeit der elektronischen Anschlagmatten ermöglicht.

Lernweg zum Startsprung vom Block

Der Weg bis zum Kopfsprung

- Die erste Vorübung findet im flachen Wasser statt und dient dazu, den Kopfstellreflex auszuschalten. Dieses reflektorische Anheben soll den Kopf beim Startsprung schützen, führt dabei aber zum berüchtigten Bauchplatscher: Begeben Sie sich ins brusttiefe Wasser. Halten Sie nun die Hände vor das Gesicht, und hechten Sie aus gebeugten Beinen, mit rundem Rücken und mit dem Kinn auf der Brust ins Wasser (sogenannte Delphinsprünge).
- Tauchen Sie jetzt mit dem Delphinsprung ganz nahe bei Ihren Füßen bis zum Beckenboden. Versuchen Sie dabei bereits jetzt, Ihren gesamten Körper hintereinander in ein Loch eintauchen zu lassen, also möglichst spritzerlos.
- Kauern Sie sich im Hockstand auf die Einstiegstreppe, und stoßen Sie sich flach gestreckt ins Wasser (sogenanntes Hechtschießen). Bereits in der Ausgangsstellung und beim Sprung halten Sie die Arme gestreckt, blicken zum Boden oder sogar leicht nach hinten und drücken die Oberarme an die Ohren.

Um schwere Kopf- und Wirbelsäulenverletzungen zu verhindern, sollten die weiteren Übungen nur in einer Wassertiefe von mindestens 2 m durchgeführt werden! Achten Sie auch darauf, dass Sie bei Sprüngen immer freie Bahn haben.

Der Delphinsprung beugt dem Bauchplatscher vor.

Die Starts

- Setzen Sie sich an den Beckenrand und stellen Sie die Füße in die Überlaufrinne oder die erste Stufe der Einstiegsleiter. Strecken Sie wiederum die Arme über den Kopf, neigen Sie sich nach vorne, und lassen Sie sich steil nach unten ins Wasser fallen. Wiederholen Sie die Übung und machen unter Wasser eine Rolle vorwärts.
- Die nächste Übung unterscheidet sich lediglich durch die Ausgangsposition: Sie lassen sich nun aus der Hocke am Beckenrand ins Wasser fallen. Nach dem ersten Versuch mit der Rolle vorwärts tauchen Sie beim zweiten Mal zu einem Ziel am Beckenboden (Tauchring, Bodenmarkierung). Klatschen Sie noch immer mit Bauch oder Oberschenkeln aufs Wasser?
- Klemmen Sie einen Tauchring mit dem Kinn an der Brust fest und versuchen Sie diesen während des Kopfsprunges nicht zu verlieren. Tauchen Sie dabei zunächst relativ steil ins Wasser ein und lenken Sie dann mit den Armen nach oben.
- Den »Abfaller« aus dem Stand machen Sie bitte nicht vom Beckenrand. Das gibt nur rote Oberschenkel. Stellen Sie sich dazu auf eine leichte Erhöhung oder sogar auf den Startblock. Dies ist weniger gefährlich, als es erscheint.
- Wiederholen Sie die letzten drei Übungen, drücken Sie sich jetzt aber aktiv mit den Beinen ab.
- So gelingt Ihr erster Kopfsprung vom Beckenrand: Die Füße sind zwischen hand- und hüftbreit voneinander entfernt. Die Zehen umkrallen die Beckenkante, die Hände sind über den Kopf gestreckt, die

Der Armschwungstart vor dem Greifstart

Daumen gefasst, die Oberarme an die Ohren gedrückt. Beugen Sie die Knie, lassen Sie sich langsam vorfallen und springen aus dem Anfallen nach vorne ab. Pressen Sie bei allen Übungen den Kopf zwischen den Oberarmen fest, bis der Kopfstellreflex endgültig ausgeschaltet ist.

Vom Kopf- zum Startsprung

Dem ersten Kopfsprung müssen Sie jetzt durch einige Übungsformen mehr Dynamik einhauchen.
- Bei dieser Trockenübung gehen Sie in eine leichte Kniebeuge, führen dabei die Arme gestreckt hinter den Körper und schwingen diese mit dem Absprung auf einer Kreisbahn bis auf Schulterhöhe. Dort stoppen Sie den Schwung ab. Die Energie wird auf den Körper übertragen.

DIE RICHTIGE TECHNIK

- Springen Sie nun einen Startsprung vom Block mit halbem Armkreis wie an Land. Fallen Sie dabei vor dem Absprung leicht nach vorne. Dabei wird die Rumpf- und Kniebeuge verstärkt, die Stirn berührt fast die Knie. In diesem Moment sind die Arme hinten. Mit der Streckung der Beine werden die Arme wieder nach oben geführt.
- Versuchen Sie nun den Grabstart.
- Prinzipiell sollten Sie nach jedem Startsprung einige Schwimmzyklen zum Erlernen des optimalen Übergangs zur Schwimmtechnik durchführen.

Lernweg zum Rückenstart

Überzeugen Sie sich bitte bei allen Übungen zum Rückenstart immer wieder auf freie Bahn in Sprungrichtung! Aus Sicherheitsgründen sollten Sie die Arme immer gestreckt über Ihren Kopf halten. Üben Sie den Abstoß einige Male vom Beckenrand unter Wasser in Rückenlage, mit langem Ausatmen durch die Nase. Sollte Ihnen dies bereits Schwierigkeiten bereiten, werden Sie bei den folgenden Übungen ohne das Tragen einer Nasenklammer ständig Wasser in die Nase bekommen.

Die nächste Vorübung findet, wie beim Start vom Block, noch im flachen Wasser statt und dient zur Vorbereitung der Bogenspannung.

- Begeben Sie sich in brusttiefes Wasser. Ideal ist ein ins Tiefe abfallendes Becken. Halten Sie nun die Hände vor das Gesicht, und hechten Sie aus gebeugten Beinen mit überstrecktem Kopf rückwärts ins Wasser (sogenannte Delphinsprünge rückwärts). Strecken Sie während des Sprungs die Arme über den Kopf lang aus. Lassen Sie Ihren Kopf dabei so lange im Nacken, bis Sie nach einem großen getauchten Bogen wieder an der Absprungstelle stehen.
- Beim nächsten Versuch überstrecken Sie nur kurz den Kopf, damit Sie zum weichen Eintauchen eine Bogenspannung erreichen. Nehmen Sie gleich darauf Ihr Kinn auf die Brust, und ziehen Sie die Arme hoch. Dadurch lenken Sie in Schwimmrichtung. Lassen Sie sich ausgleiten.
- Den sogenannten Seemannshecht rückwärts – einen Kopfsprung rückwärts mit am Körper angelegten Armen – lasse ich nur üben, wenn es im Schwimmbecken keinen Gegenverkehr gibt.
- Stellen Sie nun ein Bein auf den Boden (oder den Fußtritt unter Wasser), das andere an die Wand. Halten Sie sich am Beckenrand fest und wiederholen Sie den Hechtsprung rückwärts mit Ausgleiten.
- Wiederholen Sie die vorherige Übung mit Festhalten an den Startgriffen.

Die folgenden Übungen führen Sie bitte im tiefen Wasser durch, da Sie durch die starke Bogenspannung unter Umständen den Boden erreichen und sich an Kopf bzw. Händen verletzen könnten.

- Positionieren Sie beide Füße nebeneinander an der Wand, knapp unter der Wasseroberfläche. Halten Sie sich an den Griffen fest. Wippen Sie nun bei gestreckten Armen mit dem Gesäß erst ein paar Mal auf und ab, und katapultieren Sie sich dann

Zum Erlernen der Bogenspannung: der Delphinsprung rückwärts im brusttiefen Wasser

energisch von der Wand weg. Gehen Sie dabei unbedingt ins Hohlkreuz.
Ob die Bogenspannung der Zielform entspricht, spüren Sie sofort an Ihren Schultern. Kommen Sie zu wenig in die Bogenspannung, platschen Sie nämlich unangenehm auf den Rücken. Also: Versuchen Sie immer kurzzeitig die gegenüberliegende Wand anzusehen!
- Versuchen Sie zur Verbesserung der Bogenspannung das Gesäß ganz aus dem Wasser zu heben.
- Ziehen Sie sich mit den Händen leicht an die Wand, und starten Sie aus dieser Position. Nicht zu früh mit den Beinen abdrücken, Abrutschgefahr!
- Stellen Sie Ihre Füße parallel, aber eine halbe Fußlänge versetzt an der Wand auf und springen so ab.
- Variieren Sie die Eintauchtiefe, je nachdem, welche Unterwasserbewegungen Sie durchführen wollen bzw. können.
- Gestalten Sie den Übergang zum Rückenschwimmen einmal mit Rücken- und einmal mit Schmetterling-Beinschlag unter Wasser.
- Bemühen Sie sich um einen harmonischen Übergang in die Schwimmtechnik. Probieren Sie die vielen Gestaltungsmöglichkeiten des Rückenstarts aus: versetzte Füße oder Füße nebeneinander, Arme gebeugt oder gestreckt, starke oder leichte Bogenspannung. Finden Sie die für Sie günstigste persönliche Variante heraus. Wie bei allen anderen Techniken im Schwimmen soll keine Norm geschult, sondern eine individuelle Variation herausgearbeitet werden.

DIE RICHTIGE TECHNIK

Die Wenden

Während die meisten Hobbyschwimmer die Wenden als notwendiges Übel betrachten, ihnen deshalb wenig Aufmerksamkeit schenken und dementsprechend Zeit verlieren, bringt die Wende für gute Wettkampfschwimmer einen Zeitvorteil von bis zu mehreren Zehntelsekunden. Gute Wenden sollten den Schwimmfluss so wenig wie möglich unterbrechen, im Gegenteil sogar, ähnlich dem Startsprung, nochmals für Beschleunigung sorgen.

In den Wettkampfbestimmungen gibt es zu jeder Disziplin eigene Wendebestimmungen. So sagt die Regel beim Freistilschwimmen lediglich, dass die Wand mit einem beliebigen Körperteil berührt werden muss. Aus dieser zu Interpretationen einladenden Bestimmung hat sich als schnellste Wendetechnik die Rollwende entwickelt. Für den Kraulanfänger und für Schwimmer mit Orientierungsproblemen bei Rollbewegungen empfehle ich die einfache Wende oder Kippwende.

Einfache Wende, Kippwende

Die Bezeichnung »einfache Wende« führt leider zu so mancher Nachlässigkeit beim Üben und zu Fehlern bei der Ausführung. Einfach ist diese Form der Wende nur im Vergleich zur Rollwende.

Die Kippwende mit dem einarmigen Wandanschlag des Kraulschwimmens stellt auch die Grundform der Kippwende aller anderen Stilarten dar. Die Ausführung unterscheidet sich lediglich in einigen Details.

Kippwende zum Kraulschwimmen
Schwimmen Sie in beinahe unverminderter Geschwindigkeit auf die Wendewand zu. Fixieren Sie mit Ihren Augen zum besseren Anschlagtiming zunächst die Bodenmarkierung – meist ein dunkler Strich – , bevor Ihr Blick mit dem Erreichen des Querbalkens in Richtung Wandmarkierung wandert. Schlagen Sie mit dem Arm, der gerade lang ausgestreckt die Wand erreicht, in Seitenlage knapp unter oder an der Wasseroberfläche an (Seite 99, 1). Üben Sie den Anschlag links und rechts, bis es Ihnen gelingt, mit beiden Seiten gleich gut zu wenden. Durch die Seitenlage liegen Sie relativ widerstandsarm im Wasser. Den Nicht-Anschlagarm lassen Sie neben dem Körper liegen, dort zeigt er bereits in die neue Schwimmrichtung.

Wettkampfschwimmer drücken sich mit einem fast gestreckten Arm aus dem Handgelenk dynamisch ab, wogegen man bei etwas niedrigerem Tempo und dadurch weniger Spannungsaufbau am Wendearm erst durch das Beugen des Ellbogengelenks Spannung erzeugen muss (2, 3).

Während dieser Beugung hocken Sie die Beine unter den Bauch seitlich zur Wand durch (je kleiner die Hocke, desto schneller die Drehung).

Die Nicht-Anschlaghand bildet mit leicht

Die Wenden

nach oben gerichteter Handfläche ein Widerlager zum schnelleren Drehen (3). Unter der Körpersenkrechten durch kommen die Beine allerdings erst zur Wand, wenn der Wendearm energisch von der Wand abdrückt und damit den entscheidenden Drehimpuls auf den Körper überträgt. In diesem Moment dreht der gesamte Körper frei im Wasser – kein Körperteil berührt die Wand (4).
Der Wendearm schwingt nun auf kürzestem Weg gebeugt über den Kopf in die neue Schwimmrichtung. Beide Hände verhaken sich für eine widerstandsarme Haltung noch vor dem Wandabstoß.
Erst mit dem Wandabdruck des Arms schwingen Sie auch den Kopf in die neue Schwimmrichtung (5). Nutzen Sie die Schwungmasse des Kopfes aus! Während Sie den Kopf in die andere Richtung bringen, sollten Sie einatmen und dabei schräg nach oben schauen. Blicken Sie bereits zu früh in die neue Schwimmrichtung, geht viel Schwung verloren.
Nun befinden Sie sich in einer kauernden Seitlage an der Wand, die Beine sind im Knie circa 90° gebeugt, die Füße knapp 50 cm unter Wasser, die Hände gefasst. Erst aus dieser stabilen Position erfolgt der Abstoß.
Die Arme sind überstreckt, der Kopf wird zwischen den Armen fixiert. Die Beine sind ebenfalls bis in die Zehenspitzen gestreckt (6). Durch einen Impuls aus den Füßen, dem Rumpf und den Armen drehen Sie sich bis zu Beginn der Schwimmbewegungen in Bauchlage. Sobald sich die Abstoßgeschwindigkeit auf Schwimmgeschwindig-

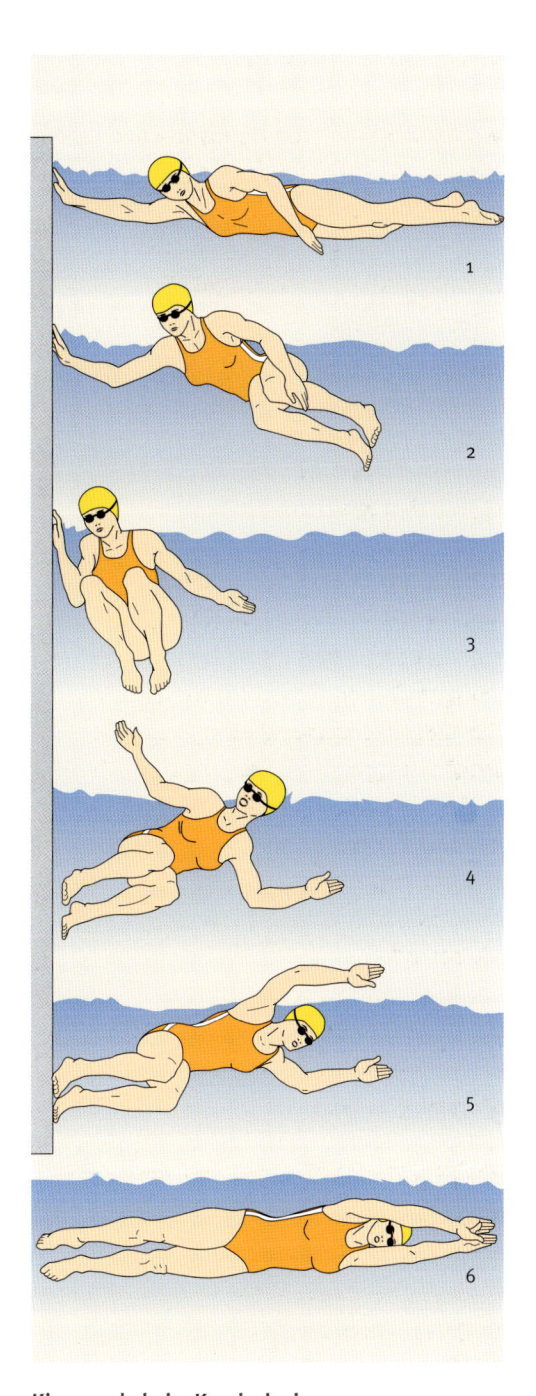

Kippwende beim Kraulschwimmen

DIE RICHTIGE TECHNIK

Kleinmachen zur schnelleren Drehung

keit reduziert, setzen die Beinschläge und unmittelbar danach die Armzugbewegungen ein.
Wettkampfschwimmer leiten die Kraulschwimm-Bewegungen mit zwei bis drei kurzen Delphinkicks ein.

Beidhändiger Wendenanschlag

Kippwende zum Brust- und Schmetterlingsschwimmen

Der Unterschied liegt lediglich im ersten Teil, dem Anschwimmen und Anschlag. Nach der Wettkampfbestimmung müssen Sie mit zwei Händen gleichzeitig anschlagen, allerdings nicht auf gleicher Höhe. Ihr bevorzugter Arm bleibt als Wendearm an der Wand, während der andere zusammen mit der Schulter sofort nach der kurzen Wandberührung in die neue Schwimmrichtung geführt wird. Beim Zurückführen des Arms können Sie bereits ein Widerlager zur schnelleren Drehung bilden. Somit haben Sie schon die Seitlage der einfachen Kraulwende erreicht. Die weitere Wendendurchführung ist analog.
Der Abstoß erfolgt etwas tiefer als beim Kraulen, um beim Brustschwimmen den Tauchzug in entsprechender Tiefe durchführen zu können bzw. beim Schmetterlingsschwimmen auf die benötigte Tiefe für die Schmetterling-Beinschläge unter Wasser zu kommen.

Kippwende zum Rückenschwimmen

Versuchen Sie beim kontrollierten Angleiten (an die Wand) nicht zu viel Tempo zu verlieren, damit Sie noch genügend Schwung für den Spannungsaufbau im Wendearm mitnehmen. Sie schlagen, ähnlich wie beim Kraulschwimmen, mit einer Hand an, wobei Sie sich fast in Seitlage drehen. Nach der Drehung um die Tiefenachse an der Wand müssen Sie über Füße, Rumpf und Hände Impulse geben, die Sie wieder in die Rückenlage zurückbringen.

Die Rollwende

Wie bereits erwähnt, ist die Rollwende die mit Abstand schnellste Wendentechnik, sie darf aber aufgrund der Wettkampfbestimmungen lediglich in Freistil- und Rückenwettbewerben angewendet werden.
Der Wettkampfschwimmer nützt bei der Rollwende eine Schwimmregel, die nur fordert, dass bei der Wende die Wand mit einem beliebigen Körperteil berührt werden muss.

Kraul-Rollwende

Die Rollwende ähnelt mehr einer turnerischen Flugrolle als einem einfachen »Purzelbaum«.
Schwimmen Sie, wie bei der Kippwende, mit unverminderter Geschwindigkeit auf die Wand zu und orientieren Sie sich an den Markierungen von Boden und Wand. Knapp 2 m vor der Wendewand lassen Sie einen Arm neben der Hüfte liegen. Mit dem Durchziehen des anderen Arms und einem schnellen Absenken des Kinns auf die Brust wird die Drehung um die Breitenachse eingeleitet. Führen Sie diese Bewegung explosiv aus, damit Sie mit dem Oberkörper nicht zu tief abtauchen.
Hüfte und Oberschenkel gelangen durch einen leichten Delphinkick und ein Verankern beider Handflächen an die Wasseroberfläche und werden weiter leicht gebeugt zur Wand geschwungen. Stellen Sie sich die Position zwischen Bild 2 und 3 wie eine Art Klappmesser auf dem Rücken vor. Diese Klappmesserhaltung lösen Sie nun durch Aufrollen und Anschlagen der Beine an die Wand in ca. 50 cm Tiefe auf.
Die Hände über dem Kopf (3) leiten zusammen mit Impulsen aus dem Körper bereits eine Vierteldrehung um die Körperlängs-

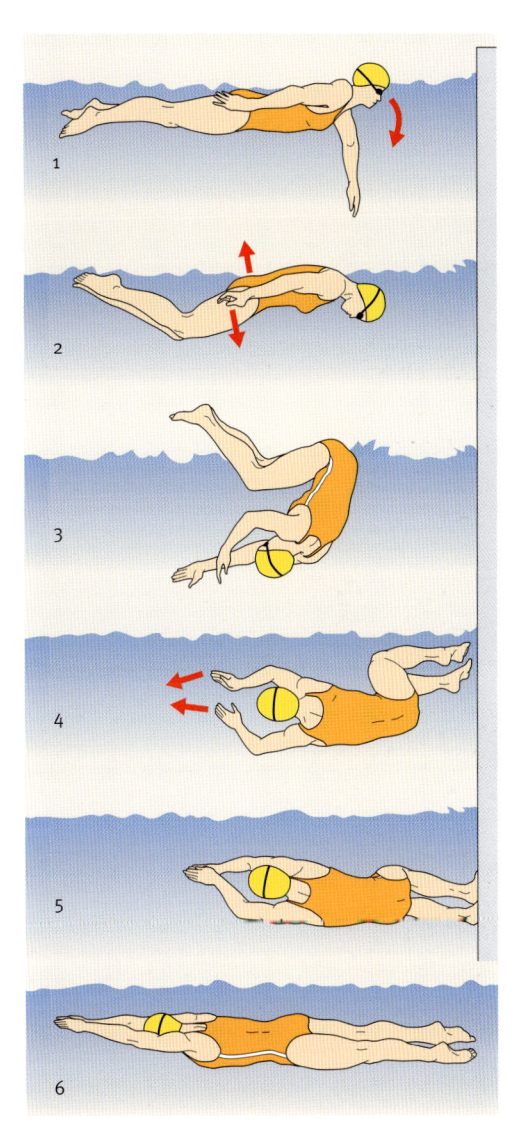

Die Rollwende beim Kraulschwimmen

DIE RICHTIGE TECHNIK

achse ein, sodass Sie sich mit dem Wandabstoß nur noch um weitere 45° in Bauchlage drehen müssen.

Vor dem Abstoß, aus ca. 90° gebeugten Beinen, ist Ihr Körper in Seitenlage. Die Füße sind hüftbreit an die Wand gestemmt, und beide Hände befinden sich über dem Kopf. Zur Verringerung des Widerstands legen Sie die Hände übereinander. Sobald sich Ihre Abstoßgeschwindigkeit auf Schwimmgeschwindigkeit reduziert, setzen Sie die Beinschläge und unmittelbar danach die Armzugbewegungen ein. Gute Wettkampfschwimmer gestalten den Übergang zu den Kraulschwimm-Bewegungen mit zwei bis drei kurzen, vorantreibenden Delphinkicks.

Rücken-Rollwende

Unterschiede zur Kraul-Rollwende liegen vor allem im Anschwimmen und beim Abstoß. Drehen Sie sich mit dem letzten Rücken-Armzug an der Gegenschulter vorbei in Bauchlage. Sie können sich ohne Umsehen in Bauchlage drehen, wenn Sie sich nach zwei Zügen weniger umdrehen, als Sie beim Zielanschlag, ab den Rückenfähnchen, benötigen. Der andere Arm bleibt bereits an der Hüfte liegen.

Die folgende Drehung ist identisch mit der Kraulwende (Beschreibung siehe Seite 101). Lediglich die weitere Drehung um die Körperlängsachse wird beim Rückenschwimmen nicht benötigt. Der Abstoß erfolgt in Rückenlage.

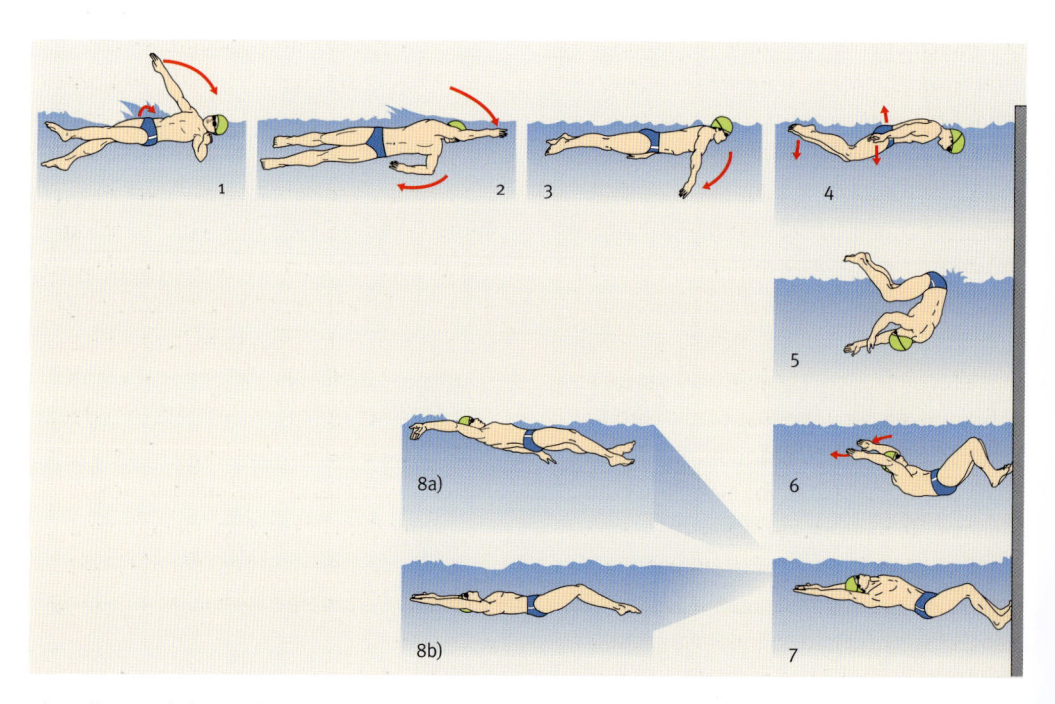

Die Rollwende beim Rückenschwimmen mit zwei Variationen nach dem Abstoß

Die Wenden

Atmen Sie während des Abstoßes durch die Nase aus, damit kein Wasser eindringen kann.
Zwei Varianten zur Schwimmüberleitung:
- Nach kurzer Gleitphase setzen Ihre kräftigen Rücken-Beinbewegungen und der erste Wechselzug der Arme ein.
- Nach dem Abstoß machen Sie zuerst einige Delphin-Beinbewegungen deutlich unter der Wasseroberfläche, bevor Sie, wie bei Variante 1 zum Schwimmen übergehen. Nach spätestens 15 m müssen Sie mit dem Kopf die Wasseroberfläche durchbrechen.

In dieser horizontalen Position erfolgt der Beinabdruck.

Lernweg zur Kippwende

Da sich die Kippwenden (einfache Wenden) der verschiedenen Schwimmtechniken in ihrer Grundstruktur nur unwesentlich unterscheiden, führt der Lernweg am schnellsten über die einfachste Form: von der Wende beim Kraulschwimmen, zu den technisch etwas anspruchsvolleren Varianten des Brust-, Schmetterlings- und Rückenschwimmens.

Der Weg zur einfachen Kraulwende
- Simulieren Sie zunächst den Ablauf der Wende langsam an Land. Dazu stellen Sie sich etwa einen Meter vor einer Wand auf. Machen Sie mit dem rechten Fuß einen kleinen Schritt bis 50 cm auf die Wand zu und setzen Sie zugleich die geöffnete rechte Hand etwa in Schulterhöhe an die Wand. Parallel zu dieser Bewegung drehen Sie Ihre linke Schulter fast 90° nach links.

Damit simulieren Sie das Drehen aus der frontalen Schwimmlage in eine widerstandsarme Seitlage. Der rechte Arm wird nun in Seitlage gebeugt, es erfolgt der Abdruck von diesem Arm, und die Rotation um die Bauchnabelachse beginnt. Wie im Wasser schwingen Sie den Kopf nun simultan mit der rechten Hand in die neue Schwimmrichtung. Ihr ganzer Körper ist kurzzeitig ohne Wandkontakt. An Land können Sie selbstverständlich nur mit einem Fuß an der Wand stützen, während sich Ihre Hände in Hochhalte treffen. Verharren Sie kurz in dieser horizontalen Position, bis Sie das Ganze mit dem linken Arm wiederholen. Im Wasser zerlegen wir die Wende in die Teilbewegungen Anschwimmen, Drehung und Abstoß.
- Im brusttiefen Becken gleiten Sie ca. 2 bis 3 m aus einer Schrittstellung an, der

DIE RICHTIGE TECHNIK

Nicht-Wendearm wird durchgezogen und bleibt neben dem Oberschenkel liegen, während sich der Anschlagarm in Hochhalte befindet und mit nach oben zeigenden Fingern anschlägt. Der Blick geht unter Wasser an die Wand. Wiederholen Sie dies ein paar Mal auf beiden Seiten.

- Als Vorübung zur Drehung gehen Sie ins Tiefwasser und halten sich mit den Händen paddelnd senkrecht im Wasser. Ziehen Sie nun die eng an den Körper gezogenen Beine abwechselnd unter dem Bauch durch und strecken Sie sie jeweils rechts und links aus.
- Dieses schnelle Anhocken führen Sie jetzt nach dem Anschlagen an die Wand durch und stellen sich auf den Boden.
- Das Kernelement der Kippwende ist zweifelsohne das freie Schweben ohne Wandberührung nach dem Armabdruck und vor dem Fußkontakt. Lassen Sie sich aus kurzer Entfernung in Seitlage zur Wand anfallen, drücken Sie sich gleich wieder mit dem Anschlagarm ab und hocken danach die Beine an die Wand. Stopp! Noch nicht abstoßen, sondern in dieser Position verharren.
- Als letztes Teilelement üben Sie das Abstoßen in Seitlage. Legen Sie sich mit gebeugten Beinen an der Wand ins Wasser, und halten Sie sich mit Ruderbewegungen der Hände an der Wasseroberfläche. Brechen Sie diese Handbewegungen ab, lassen Sie sich zu einer Seite leicht absinken, und stoßen Sie sich knapp unter Wasser mit über dem Kopf gestreckten Armen kräftig ab. Mit dem Abstoß und in der folgenden Gleitphase drehen Sie sich in Bauchlage.
- Kombinieren Sie zu guter Letzt die Teilbewegungen zunächst langsam, dann in normaler Schwimmgeschwindigkeit.
Bedenken Sie: Je kleiner Sie sich an der Wand machen, desto schneller können Sie sich drehen.

Anschlag Brust- und Schmetterlingsschwimmen

- Üben Sie das Auflösen der frontalen beidarmigen Anschlagposition – durch die Wettkampfbestimmungen vorgeschrieben – in die widerstandsarme Seitlage an Land und beim Anfallen im Wasser. Ziehen Sie dazu den jeweils unteren Arm, der im Ellbogengelenk gebeugt ist, und die Schulter schnell zurück.

Anschlag Rückenschwimmen

- Das Anschlagen ohne Geschwindigkeitsverlust üben Sie durch Auszählen von Zügen in normaler Schwimmgeschwindigkeit an Hand von Orientierungspunkten (Rückenfähnchen, unterschiedliche Farben bei Trennleinen, Einstiegsleitern).

Lernweg zu den Rollwenden

Der Weg zur Kraul-Rollwende

- Führen Sie im brusttiefen Wasser eine Art Flugrolle mit gestreckten Beinen durch. Dazu hechten Sie sich mit hängenden Armen nach vorne, nehmen das Kinn auf die Brust und »werfen« Ihre Beine über den Körper. Die Handflächen zeigen dabei nach

Die Wenden

unten, so dass Sie sich am Wasser »festhalten« können. Lösen Sie die gebückte Körperhaltung während der Drehung wieder auf, und bleiben Sie in Rückenlage mit Blick nach oben liegen. Diese Rolle können Sie zunächst auch mit Festhalten an einer Beckentrennleine üben.
- Stoßen Sie sich von der Wand mit vorgestreckten Armen ab. Ziehen Sie beide Arme bis zur Hüfte durch. Während der Druckphase der Arme erfolgen der Beinabdruck mittels Delphinkick und das schnelle Rumpfbeugen. Rollen Sie wiederum bis in Rückenlage.
- Tasten Sie sich mit dieser »halben« Wende an die Wand heran. Lassen Sie einen Partner ein Schwimmbrett zum Schutz gegen eventuelle Fersenprellungen an die Wand halten. Sie können sich nun angstfrei mit der Rolle immer mehr der Wand annähern. Der Abstoß erfolgt in Rückenlage.
- Wettkampfschwimmer lassen einen Arm neben den Beinen liegen und leiten die Rolle zusätzlich mit dem Eintauchen und Durchziehen des anderen Arms noch dynamischer ein.
- Um nach dem Abstoß wieder in Bauchlage zu kommen, leiten Sie die Rolle nach vorne mit einer leichten Drehbewegung um die Körperlängsachse ein. Dazu ziehen Sie den letzten Armzug diagonal unter dem Körper durch. Die Rolle bleibt beinahe unverändert. Sie drehen sich lediglich leicht schräg und müssen mit dem Beinabstoß nur noch etwa eine Vierteldrehung zurück in die Bauchlage ausführen.

Der Weg zur Rücken-Rollwende
Nachdem die Kraul-Rollwende als Voraussetzung beherrscht werden sollte, liegt der Schwerpunkt auf dem richtigen Anschwimmen und dem nahtlosen Übergang zur Schwimmtechnik.

Zur Verbesserung der Orientierungsfähigkeit nach der Drehung von Rücken- in Bauchlage:
- Schwimmen Sie eine Bahn, auf der Sie sich immer mit dem dritten Zug vom Kraulschwimmen zum Rückenschwimmen drehen und mit dem vierten Rücken-Armzug weiter zum Kraulschwimmen. Durch die ungerade Gesamtzugzahl trainieren Sie das Drehen über beide Seiten.
- Kraulen Sie von der Wand los, und schwimmen Sie nach einer Rolle mit Beinüberschlag im freien Wasser wieder zur Wand zurück.
- Schwimmen Sie nach dem Wandabstoß acht Züge auf dem Rücken, drehen Sie sich mit dem letzten Zug in Bauchlage, und führen Sie eine Rolle durch. Sie machen nun vier Züge Rücken zur Wand zurück – Rolle. Acht Züge in die eine, vier Züge in die andere Richtung usw., bis Sie eine Bahn geschafft haben.
- Wiederholen Sie die Rollwende mit Anschwimmen und Abstoß von der Wand in Rückenlage.

Das richtige Timing der Drehung in Bauchlage: Schwimmen Sie in normaler Schwimmgeschwindigkeit an einem Orientierungspunkt 5 m vor der Wand vorbei. Zählen Sie die Züge bis zum Anschlag. Füh-

DIE RICHTIGE TECHNIK

Gegen Angst vor Verletzung

ren Sie dies einige Male durch, bis sich die Zugzahl stabilisiert. Schwimmen Sie jetzt zwei Züge weniger – Drehung – Rolle – Abstoß. Zur Feinabstimmung können Sie bei größerem Wandabstand einen langen letzten Armzug durchführen oder bei sehr geringem Abstand den Arm direkt am Kopf vorbei nach hinten führen. Dies entscheiden Sie, sobald Ihr Blick unter Wasser die Entfernung abschätzen kann.

- Schwimmen Sie die Rückenwende zunächst langsam. Steigern Sie dann das Tempo, vor allem die Geschwindigkeit des Beinüberschlags.
- Versuchen Sie, nach dem Abstoß einige Schmetterling-Beinschläge in Rückenlage mit hoher Frequenz durchzuführen.
- Arbeiten Sie an einem harmonischen Übergang in die Schwimmtechnik. Schießen Sie nicht wie ein Korken nach oben.

Lagenschwimmen und Staffelwettbewerbe

Das Lagenschwimmen fordert vom Sportler, ähnlich wie der Mehrkampf der Leichtathletik, alle technischen Bereiche des Schwimmsports. Sowohl für den Wettkampf- als auch für den Hobbyschwimmer bringt das Lagenschwimmen Abwechslung in das Wettkampf- bzw. Trainingsprogramm. Neben diesem psychologischen Aspekt ist es aus physiologischer Sicht ein probates Mittel, die Trainingsintensität zu verbessern.

Die Wettkampfbestimmungen weisen nur wenige Sätze zum Lagenschwimmen auf: »Beim Lagenschwimmen hat der Schwimmer die Teilstrecken in der Reihenfolge Schmetterlingsschwimmen, Rückenschwimmen, Brustschwimmen und Freistilschwimmen zurückzulegen.« Wobei bei Freistil nicht die anderen drei Stilarten geschwommen werden dürfen. »Beim Wechseln der Schwimmlage im Lagenschwimmen ist nach den Bestimmungen der Schwimmart, die beendet wird, anzuschlagen und nach den Bestimmungen der Schwimmart, die begonnen wird, abzustoßen.« Nach der Rückenstrecke wird in Rückenlage mit der Hand angeschlagen, eine freie Rollwende ist damit bei allen Technikwechseln ausgeschlossen.

Gute Lagenschwimmer zeichnen sich durch die Fähigkeit aus, vor den Wenden das Tempo kaum reduzieren zu müssen bzw. nach den Technikwechseln sehr schnell den Rhythmus der neuen Technik aufnehmen zu können.

Besonderheiten bei den Stilarten

Insgesamt gibt es kaum Unterschiede zu den Einzelstilarten, jedoch werden die Lagentechniken – meist aus konditionellen Gründen – mit einer etwas niedrigeren Zugzahl geschwommen.

Mit Schmetterling anschlagen ...

... in Rückenlage abstoßen

DIE RICHTIGE TECHNIK

Sehr spezifisch dagegen sind die Wechsel von einer Stilart zur nächsten.

Wechsel von Schmetterling zu Rücken
- Schlagen Sie in Bauchlage an und lassen Sie sich – ähnlich der normalen Kippwende – zurückfallen. Dabei drehen Sie sich aber bereits leicht auf den Rücken, um mit dem Abstoß ganz in Rückenlage zu kommen.

Wechsel von Rücken auf Brust
Unterschiedliche Techniken werden praktiziert:
- Nach dem Wandanschlag in Rückenlage wird ein Salto rückwärts, bis die Füße die Wand berühren, mit anschließendem Abstoß in Bauchlage durchgeführt.
- Eine Kippwende mit Anschlag wie beim Rückenschwimmen und Drehung in Bauchlage während der Kippbewegung und des Abstoßes.
- Bei der schnelleren Variante schlägt ein Arm etwas über der Körpermittellinie an, wodurch im Rumpf eine starke Vorspannung aufgebaut wird (Seite 109, 1). Aus dieser Bogenspannung heraus werden die Beine über der Wasseroberfläche an die Wand geschwungen (2). Zugleich erfolgt mit dem Überschwung der Beine eine Vierteldrehung in Richtung Bauchlage (3). Mit dem folgenden Abstoß wird die Drehung in Bauchlage vollendet.

Wechsel von Brust zu Kraul
- Dieser Wechsel ist relativ einfach. Die Kippwende des Brustschwimmens kommt zur Anwendung. Nur der Abstoß erfolgt wegen der kurzen Unterwasserphase beim Kraulen flacher.

Staffeln

Auch bei Staffelwettbewerben wird Lagen geschwommen. Allerdings übernimmt jeder Schwimmer nur eine Technik. »In der

Staffelwechsel mit Armschwungstart

Lagenschwimmen und Staffelwettbewerbe

Lagenstaffel sind die Teilstrecken in der Reihenfolge Rückenschwimmen, Brustschwimmen, Schmetterlingsschwimmen und Freistilschwimmen zurückzulegen.« Neben der Lagenstaffel über 4 x 100 m stehen noch die 4 x 100 m und 4 x 200 m Freistilstaffeln für Männer und Frauen im olympischen Programm.

Kleine Regelkunde

Die Wettkampfbestimmung sagt zu Staffeln Folgendes aus: »In Staffelwettkämpfen wird die Mannschaft eines Schwimmers disqualifiziert, dessen Füße die Berührung mit dem Startblock verloren haben beziehungsweise dessen Hände sich in Rückenstaffeln von den Haltegriffen gelöst haben, bevor der vorherige Staffelschwimmer die Wand berührt. Die Disqualifikation entfällt, wenn der den Fehler verübende Schwimmer zur Startwand zurückkehrt, bevor er den Wettkampf fortsetzt ...«, »... in einer Staffel darf jeder Schwimmer nur eine Teilstrecke schwimmen ...«.

Der ablösende Schwimmer muss also nur noch mit den Zehenspitzen den Startblock berühren, während der Ankommende anschlägt. Dadurch und aufgrund der Möglichkeit, mehr Schwung mit den Armen holen zu können, werden gegenüber einem Einzelrennen pro Staffelwechsel bis zu 0,7 s eingespart.

Bei der neuesten Variante des Staffelstarts steht der ablösende Schwimmer zunächst am hinteren Ende des Startblocks und löst den Ankommenden nach zwei kleinen Schritten an die Blockkante ab.

Diese Wende von Rücken zu Brust erfordert viel Körperspannung.

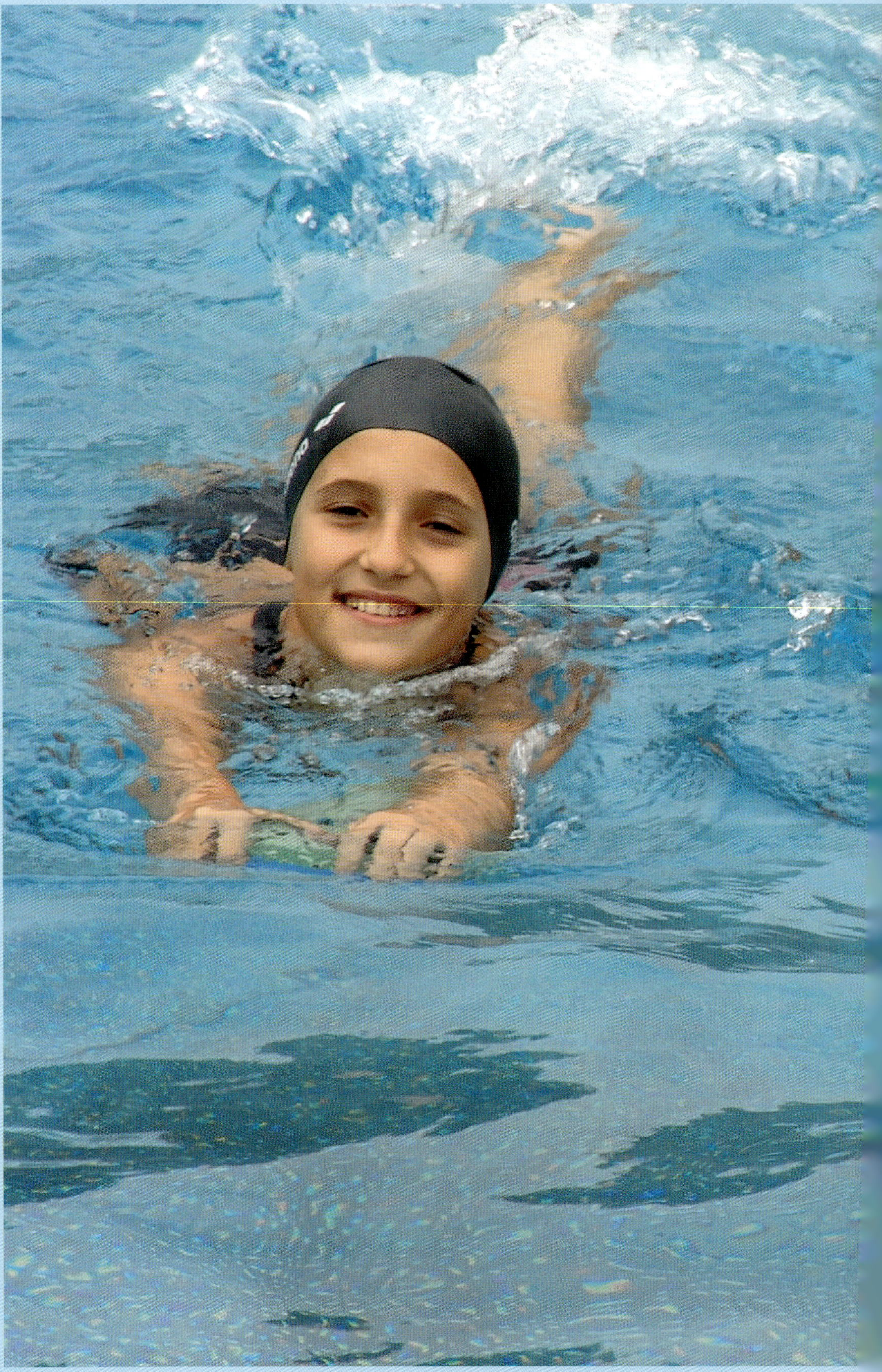

Das Training

Schwimmen ist eine Sportart, bei der Sie mit regelmäßigem Training innerhalb kürzester Zeit enorme Leistungsfortschritte erzielen können. Das folgende Kapitel stellt unter anderem Methoden und Übungen zu den Bereichen Grundlagenausdauer, Grundschnelligkeit, schwimmspezifische Kraft und Beweglichkeit vor. Als Anregung für Ihr Training und als Hilfe für die weitere eigene Trainingsgestaltung finden Sie exemplarische Trainingsprogramme. Schwimmen Sie einfach los – einmal auf den Geschmack gekommen, werden Sie nicht mehr aufhören wollen.

Trainingsgestaltung

Wenn Sie Ihre wahrscheinlich knapp bemessene Freizeit schwimmerisch optimal nutzen möchten, müssen Sie sich zunächst über Ihre Trainingsziele Gedanken machen. Andernfalls trainieren Sie vor sich hin und verfehlen durch falsche Trainingsmethoden den gewünschten Trainingseffekt.

Stehen Sie am Beginn Ihrer Schwimmlaufbahn, dann sollten Sie zunächst über ein gezieltes Techniktraining alle Stilarten mit den entsprechenden Starts und Wenden erlernen. Durch das wiederholte Üben erwerben Sie so ganz nebenbei erste konditionelle Grundlagen.

Technikverbesserung muss immer wieder zum Trainingsziel gemacht werden: Eine gute Technik führt neben schnelleren Zeiten auch zu ökonomischem und gelenkschonendem Schwimmen.

Gehören Sie zu jenen Sportlern, die Schnellkraftsportarten, wie zum Beispiel Kampfsport oder Spielsportarten betreiben oder betrieben haben und im Wasser zwar schnell, aber nicht sehr ausdauernd sind? Verbessern Sie mit einem gezielten Training Ihre Grundlagenausdauer. Sie werden nicht nur im Becken weniger außer Puste kommen, sondern auch in Ihrer Hauptsportart länger durchhalten oder etwa beim Triathlon statt mit der Brust- nun mit der Kraulschwimmtechnik an den Start gehen können.

Benötigen Sie bislang deutlich mehr Züge pro Bahn als Ihre Mitschwimmer? Dann empfiehlt es sich, parallel zum Techniktraining das Training der Kraftfähigkeiten zu intensivieren, um mehr Druck an Händen und Füßen aufbauen bzw. dem bestehenden Druck standhalten zu können.

Die Verbesserung bzw. Erhaltung der Beweglichkeit ist für alle Zielgruppen ein Thema. Nur mit ausreichender Bewegungsweite und entspannungsfähiger Muskulatur können Sie sauber, schnell und ökonomisch schwimmen.

Ihre Ziele werden sich im Laufe des Trainingsprozesses immer wieder ändern. Mit zunehmender Ausdauerleistungsfähigkeit wird es Sie vielleicht reizen, Ihre Schnelligkeit zu verbessern.

Variieren Sie zudem von Zeit zu Zeit Ihre Ziele und damit auch die Trainingsinhalte, damit Sie nicht zu einseitig trainieren und durch Monotonie schwächer statt stärker werden. Diesen Trainingsgrundsatz befolgen im Übrigen auch Hochleistungsschwimmer, wenn sie zum Beispiel zwischen langen Ausdauertrainingseinheiten regelmäßig Serien zur Erhaltung der Grundschnelligkeit einstreuen.

Trainingsplanung

Bevor Sie sich einen konkreten Plan für die nächste Trainingseinheit aufstellen, empfehle ich Ihnen, sich über einige längerfristige Planungspunkte Klarheit zu verschaffen. Zunächst die örtlichen Verhältnisse und deren Auswirkungen auf Ihr Training: Halten Sie bei kaltem Wasser Ihre Pausen relativ kurz. Ihr Training wird dann eher auf längere Distanzen im Ausdauerbereich ausgerichtet sein. Genau umgekehrt verhält es sich bei sehr warmen Beckentemperaturen. Die Pausen werden häufiger und länger, um sich abzukühlen. Sie können öfter Schnelligkeits- und Technikübungen einbauen. Planen Sie mehr Zeit für ein ausgiebiges Aufwärmprogramm ein, wenn Ihr Training zu einer sehr frühen oder späten Tageszeit stattfindet. Ihr Biorhythmus ist zu diesen Zeiten noch nicht bzw. nicht mehr auf Höchstleistung eingestellt. Sie müssen Ihren Körper länger »aufwecken«, um in den Schwimmserien einigermaßen ansprechende Leistungen zu erbringen.

Steht Ihnen nicht zu jeder Zeit ein Schwimmbad oder See zur Verfügung, so können Sie dies mit gezieltem Ausdauertraining an Land etwas auffangen.

Ist Ihre Trainingsbahn an manchen Tagen mit vielen anderen Schwimmern überfüllt? Dann legen Sie in diese Trainingseinheit Inhalte, bei denen Sie weniger Platz und Bewegungsfreiraum benötigen, zum Beispiel Beinschlagtraining.

In welchem Zustand befindet sich Ihr Kraftraum? Müssen Sie sich mit einfachen Mitteln oder gar ohne Geräte behelfen? Oder stehen Ihnen modernste Geräte für Kraftaufbau sowie Kraftausdauer zur Verfügung? Dementsprechend wird sich Ihr persönlicher Trainingsplan anpassen müssen.

In Ihre länger- und mittelfristigen Planungen sollte unbedingt die Aufeinanderfolge der verschiedenen Trainingsbereiche wie Schnelligkeits-, Kraft- und Ausdauertraining einfließen.

Teilnahme an einem Wettkampf

Haben Sie vor, sich auf einen Wettkampf im Schwimmbecken über einen längeren Zeitraum hin vorzubereiten? Dann empfiehlt sich beispielsweise bei einer 3-monatigen Vorbereitungszeit folgende Schwerpunktsetzung:

- 1. bis 5. Woche:
  Grundlagenausdauer 1 (GA 1)
- 6. bis 8. Woche:
  Grundlagenausdauer 2 (GA 2)
- 9. und 10. Woche:
  Schnelligkeitsausdauer (SA)
- 11. und 12. Woche:
  Unmittelbare Wettkampfvorbereitung

Die Übergänge zwischen den Perioden verlaufen fließend. Bei einer Schwerpunktsetzung zum Beispiel SA in den Wochen 9 und 10 werden auch die anderen Belastungsformen, hier S, GA 1 und GA 2 geschwommen, allerdings nur untergeordnet. Als reiner Langstreckenspezialist – in der Vorbereitung auf eine Seeüberquerung – benötigen Sie die Belastungsform Schnelligkeitsausdauer kaum und werden diese deshalb relativ wenig trainieren. Die Bereiche GA 1 und GA 2 verlängern sich dafür um je eine Woche.

Schwimmen zur Verbesserung der Fitness

Sind Ihnen Wettkämpfe völlig egal, und der alleinige Grund für Ihr Trainieren das Wohlbefinden und die persönliche Leistungs-

DAS TRAINING

steigerung? Dann bietet sich zur Auflockerung des Trainings ein regelmäßiger Wechsel des Schwerpunktes an, zum Beispiel bei zwei Schwimmeinheiten pro Woche:
- 1. Woche Einheit 1:   Grundlagenausdauer 1
- 1. Woche Einheit 2:   Schnelligkeit
- 2. Woche Einheit 1:   Grundlagenausdauer 1
- 2. Woche Einheit 2:   Grundlagenausdauer 2

Das Training der Schnelligkeitsausdauer können Sie getrost ganz weglassen, wenn Sie keine Wettkämpfe bestreiten wollen. Dieses sehr harte Training macht ohnehin nur für Geübte nach längerem Trainingsaufbau Sinn. Für Einsteiger ist es durch die starke Übersäuerung der Muskulatur zunächst nur schmerzhaft und frustrierend.

Tageszustand und Aufbau einer Trainingseinheit

Analysieren Sie Ihren physischen und psychischen Tageszustand, bevor Sie den Detailplan für die folgende Trainingseinheit aufstellen. Es macht beispielsweise keinen Sinn, nach einem erschöpfenden Arbeitstag Techniktraining oder intensive Belastungen anzusetzen, die beide höchste Konzentration erfordern. Schwimmen Sie dann besser längere Ausdauerstrecken. Dabei können Sie Ihre Gedanken schweifen lassen und sich somit auch geistig entspannen.
Bringen Sie eine Struktur in Ihr tägliches Training, und gliedern Sie es in folgende Teile:

- das allgemeine Aufwärmen an Land
- das spezielle Aufwärmen an Land
- das spezielle Aufwärmen im Wasser
- den Hauptteil mit einem oder mehreren Schwerpunkten
- das Abwärmen

Trainingsperiodisierung

Trainingsplanung und -periodisierung sind für einen Schwimmtrainer zwei kaum voneinander zu trennende Begriffe. Die Periodisierung beschreibt die Aufeinanderfolge von Belastungsschwerpunkten innerhalb eines festgesetzten Zeitraums.
Auch wenn eine präzise Bestimmung der Jahresperiodisierung vorwiegend für den Wettkampfschwimmer relevant ist, so profitiert auch der Freizeitschwimmer in seiner Leistungssteigerung von einem gezielten Belastungsaufbau über Wochen und Monate.

Abwechslungsreiches Training

Nur durch einen Belastungswechsel erfahren Sie nach längerer Trainingsdauer neue Reize, die Anpassungen auslösen und die Leistungen Ihres Körpers auf ein höheres Niveau bringen.
Wie bei der Trainingsplanung kurz angesprochen, wechseln Belastungsschwerpunkte wie GA 1, GA 2, SA oder S in einem bestimmten Zeitraster ab, bis durch die unmittelbare Wettkampfvorbereitung eine Formzuspitzung auf den oder die wichtigsten Wettkampfhöhepunkte des Jahres erfolgt.

Trainingsgestaltung

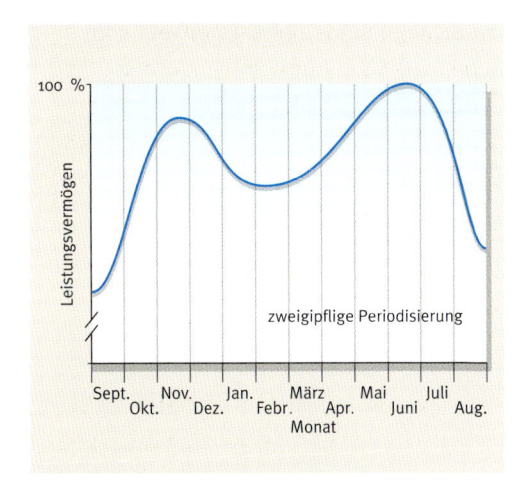

Beispiel für eine Periodisierung mit den Höhepunkten im November und Juni

Zeit für Regeneration

Vergessen Sie nicht, bei Ihrer Periodisierung immer wieder Phasen der Regeneration einzustreuen. Es wäre ein fataler Fehler, Ihre Form durch andauernde Steigerung von Intensität und Umfang über ein Jahr hinweg nur verbessern zu wollen. Das haben schon die besten Profischwimmer versucht und haben dabei in den seltensten Fällen den erhofften Zugewinn an Leistung erreicht. Ihr Körper und vor allem Ihr Geist können nach einer zu langen Trainingsdauer am Stück »ausgebrannt« werden.

Setzen Sie zum Beispiel kurz vor der Weihnachtszeit mit einer Leistungsüberprüfung einen ersten Jahreshöhepunkt an. Dies kann im Rahmen des Trainings, eines Wettkampfes oder einer sportmedizinischen Leistungsdiagnostik stattfinden. Gönnen Sie sich danach ein bis zwei Wochen ruhigeres Training. Betreiben Sie dabei andere Sportarten, um Ihren Kreislauf in Schwung zu halten und um zu entspannen. Kalkulieren Sie dabei einen leichten Verlust Ihrer antrainierten Kondition ein, diesen kompensieren Sie Dank der Erholungszeit nicht nur in einigen Trainingseinheiten, sondern Sie erreichen in Kürze ein deutlich höheres Niveau.
Ähnlich verfahren Sie bis zum zweiten und meist wichtigeren Höhepunkt am Ende der Wettkampfsaison im Sommer. Lassen Sie Ihr Training danach mit Schwimmen in offenen Gewässern ausklingen.

Trainingstagebuch

Tragen Sie hier Ihre durchgeführten Trainingsprogramme ein. Notieren Sie dazu auch die Zeiten der wichtigen Serien, um bei einer Wiederholung einen Vergleich zu haben. Vermerken Sie eventuell auftretende Besonderheiten, damit Sie sich bei späterer Nachbetrachtung ein richtiges Bild von Ihren Leistungen machen können. Zudem können Sie sich bei einem Profi bessere Trainingstipps holen, wenn sich dieser einen guten Überblick über Ihr bislang absolviertes Training verschaffen kann.

Hauptbeanspruchungsformen und Energiebereitstellung

An dieser Stelle möchte ich Ihnen zum besseren Verständnis der folgenden Trainingsmethodik einen Überblick über die Hauptbeanspruchungsformen beim Schwimmen

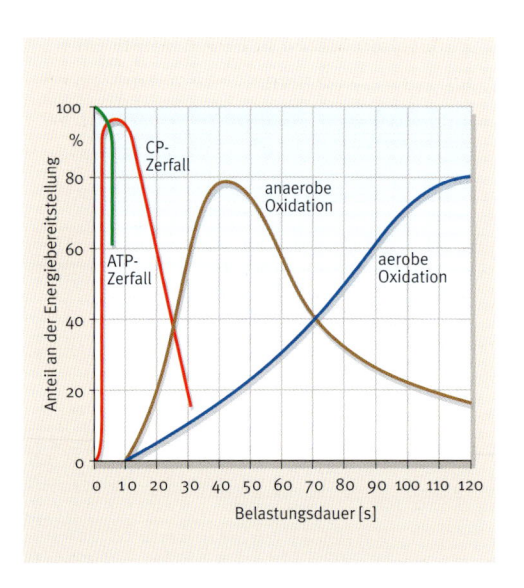

Schema zur Energiebereitstellung (n. Keul)

und die unterschiedlichen Möglichkeiten der Energiebereitstellung geben.

Hierbei orientiere ich mich an der Energiebereitstellung unter Wettkampfbedingungen, also mit maximal hohem Tempo für die entsprechende Distanz.

Schnelligkeit

Reine Schnelligkeitsarbeit zeichnet sich durch kurze Sprints, bis zu etwa 8 s Dauer aus.

Isoliert kommt sie beim Schwimmen an sich nicht vor. Die kürzeste Wettkampfstrecke ist bei Kindern 25 m, bei Erwachsenen 50 m. Beide Distanzen fallen, von der zeitlichen Dauer her betrachtet, nicht mehr unter reine Schnelligkeitsbelastungen, sondern bereits in den Bereich der Schnelligkeitsausdauer. Trotzdem werden Kurzsprints zur Verbesserung der Grundschnelligkeit als Basis für alle Kombinationen mit Schnelligkeit wie Schnellkraft und Schnelligkeitsausdauer auch im Schwimmsporttraining eingesetzt.

Neben der gerade beschriebenen Aktionsschnelligkeit benötigen wir bei Startsprüngen die Reaktionsschnelligkeit, um möglichst sofort auf Signale reagieren zu können und die Zeit vom Startkommando bis zum Verlassen des Blocks zu verkürzen.

Die für Schnelligkeitsleistungen erforderliche Energie kann in der Muskulatur weitestgehend aus den vorhandenen kurzfristigen Energiespeichern Adenosintriphosphat (ATP) und Kreatinphosphat (CP) ohne Zufuhr von Sauerstoff gewonnen werden. Diese anaerobe Energiebereitstellung (anaerob, griechisch »ohne Luft«) kann ohne die Produktion der Milchsäure (Laktat, siehe Seite 118) ablaufen. Zu beachten ist allerdings, dass das vollständige Wiederauffüllen dieser kurzzeitigen Energiespeicher einige Zeit in Anspruch nimmt. Deshalb sollten Sie lange Pausen zwischen den Wiederholungen einhalten, und Sie können auch nur wenige Male kurz hintereinander üben.

Schnelligkeitsausdauer

Sie ist die Beanspruchungsform bei den 50-m-, 100-m- und 200-m-Schwimmstrecken bei Spitzenschwimmern. Hier sollen über eine relativ lange Dauer höchste Geschwindigkeiten aufrechterhalten werden. Eine andere geläufige Bezeichnung für Schnelligkeitsausdauer (SA) ist »Stehvermögen«. Dieser Ausdruck charakterisiert

Trainingsgestaltung

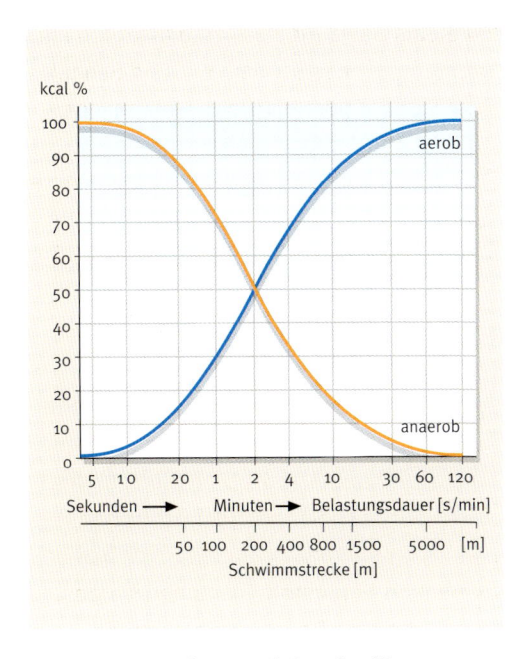

Energiebereitstellung nach Streckenlänge

den Inhalt, nämlich das Durchhalten einer sehr anstrengenden Leistung (Puls über 180), sehr zutreffend.

Die energiereichen Phosphate ATP und CP reichen gerade für kurze, intensive muskuläre Beanspruchungen von einigen Sekunden. Für die Schnelligkeitsausdauer – wie der Name schon sagt, eine Mischform von Schnelligkeit und Ausdauer – muss die Hauptenergie auf andere Weise bereitgestellt werden.

Über die sogenannte Glykolyse kann für ca. 45 s ATP ohne Zuhilfenahme von Sauerstoff bereitgestellt werden. Dabei wird die Energie aus dem im Muskel eingelagerten Glykogen gewonnen, und es entsteht Laktat. Kein Schwimmer wird allerdings 45 s mit hohem Tempo ohne Sauerstoffzufuhr

durchstehen. Bereits bei den 100-m- und noch verstärkt bei den 200-m-Strecken gewinnt neben der anaeroben die aerobe Energiebereitstellung (aerob, griechisch »mit Luft«) schon zu Beginn der Schwimmstrecke an Bedeutung. Die Belastungsdauer steigt von etwa 1 min, je nach Stilart, bis um die 2 min (etwa bis zum Kreuzungspunkt bei der Abbildung links). Gestalten Sie die erholsamen Pausen durch lockeres Schwimmen so, dass Sie die nächste Wiederholung mit einem Puls unter 100 starten können.

Ausdauer

Grundlagenausdauer 2

Dem Training der intensiveren Form der Ausdauer, der Grundlagenausdauer 2 (GA 2), kommt zur Leistungssteigerung bei Strecken von 400 m bis 1500 m entscheidende Bedeutung zu. Angestrebt wird das Trainieren bei einem Laktatspiegel von etwa 3 bis 4 mmol/l. Dies entspricht einem Anstrengungsgrad, den Sie noch über eine relativ lange Dauer ohne große Leistungseinbuße schwimmen können. Sie bewegen sich damit im Bereich der sogenannten aeroben/anaeroben Schwelle. Subjektiv gesehen ist das Schwimmen bereits relativ anstrengend. Es erweist sich oft als eine Gratwanderung zwischen Übersäuerung und zu wenig Belastung.

Die Energie wird zum Teil noch anaerob (daher die 3 bis 4 mmol/l Laktat), zum überwiegenden Teil aber bereits aerob gewonnen. Ihre Pulswerte erreichen dabei durchaus 140 bis 160 Schläge/min.

Was ist Milchsäure?

Milchsäure oder Laktat ist ein Stoffwechselprodukt, das in größeren Mengen bei der Energiegewinnung unter unzureichender Sauerstoffversorgung bei hohen Belastungen anfällt.
Ein Blutlaktatspiegel von 2 mmol/l (Millimol pro Liter) kann relativ lange toleriert werden. Ab ca. 4 mmol/l kann das Laktat nicht mehr laufend abgebaut werden. Sehr hohe Laktatanhäufungen führen als Schutzmechanismus der Zellen zum Abbruch der Muskelarbeit.
Das meiste angefallene Laktat wird nach Abbruch der Arbeit in der Muskelzelle wieder zu Glykogen aufgebaut. Die vollständige Wiederherstellung kann 72 Stunden dauern.

Grundlagenausdauer 1
Beim Training der Grundlagenausdauer 1 (GA 1) für die langen Schwimmstrecken stellt die Arbeitsmuskulatur die Energie überwiegend unter Zuhilfenahme von Sauerstoff her. Bei der rein aeroben Energiebereitstellung wird bereits nach relativ kurzer Dauer, neben der Verbrennung von Glukose, auf die Fettverbrennung zurückgegriffen, um das ATP zu resynthetisieren. Da diese Energiespeicher fast unbegrenzt zur Verfügung stehen bzw. Energie laufend von außen zugeführt werden kann, ist es möglich, Ausdauerleistungen von bis zu mehreren Stunden zu bewältigen. Arbeiten Sie bei der GA 1, je nach Alter und Trainingszustand, mit Pulswerten von ca. 120 bis 140 Schlägen/min.

Erholung und Pausen

Gerade in der Erholungszeit erfolgen im Körper die Anpassungsvorgänge, die Ihre Leistung über das Ausgangsniveau hinaus anheben. Wir sprechen hier vom Phänomen der Superkompensation.
Einige Zeit nach Beendigung der Belastung steigt das Leistungsniveau über die Ausgangsbasis hinaus an. Genau zu diesem Zeitpunkt wäre ein erneutes Training sinnvoll. Setzen Sie die nächste Belastung jedoch zu früh, werden Sie immer schwächer werden. Beginnen Sie zu spät, ist der Effekt des letzten Trainings bereits verpufft. Sie müssen durch Probieren herausfinden, wann für Sie der günstigste Zeitpunkt für die nächste Trainingseinheit liegt.
GA 1 können Sie bereits am nächsten Tag wieder schwimmen, SA frühestens nach 48 Stunden.

Gestalten Sie die Pausen beim extensiven Intervalltraining derart, dass Sie bereits bei einem Puls von ca. 120 wieder starten. Man spricht von einer »lohnenden« Pause. Nach intensiveren Strecken und Sprints muss die Pause – am besten aktiv mit Lockerschwimmen – zum Aufbau der Energiespeicher »vollständig« sein, das heißt Puls unter 100.

Das Training im Wasser

Den größten zeitlichen Umfang Ihres Trainings werden Sie zweifelsohne im Wasser verbringen. Auch wenn Sie mit einem gezielten Training an Land manche Defizite ausgleichen können, Wassergefühl und schwimmspezifische Kondition bekommen Sie nur durch Schwimmen. Bei Wettkampfschwimmern nimmt das Wassertraining einen Anteil von ca. 75 % der gesamten Trainingszeit ein.

Aufwärmen und Einschwimmen

Jede Trainingseinheit sollte mit dem Aufwärmen und Einschwimmen beginnen. Das Aufwärmen hat die grundsätzliche Aufgabe, den Sportler für eine angestrebte spezielle Leistung physisch und psychisch vorzubereiten.

Durch Aufwärmen wird beispielsweise die Körperkerntemperatur auf ca. 38,5 °C erhöht. Bei dieser Temperatur laufen die Stoffwechselvorgänge optimal ab, darüber hinaus steigt durch die erhöhte Erregbarkeit des Zentralnervensystems die Reaktions- und Kontraktionsgeschwindigkeit der Muskeln an.

Die in anderen Sportarten wichtige Prophylaxe vor Verletzungen durch das Aufwärmen spielt beim Schwimmen eine eher untergeordnete Rolle.

Die psychische Einstellung für die folgenden Belastungen des Trainings bzw. Wettkampfes wird durch eine intensive Vorbereitung verbessert. Die Konzentrationsfähigkeit steigt durch die Aktivierung des Zentralnervensystems.

Wie sieht nun ein Aufwärmprogramm konkret aus?

Das allgemeine Aufwärmen führen Sie an Land durch, indem Sie Ihre Muskeln und Gelenke durch Laufen und Hüpfen auf »Betriebstemperatur« bringen. Danach folgt eine Schwung- und Dehnungsgymnastik mit schwimmspezifischen Inhalten (siehe »Beweglichkeitstraining«, Seite 133 ff.). Unmittelbar nach dieser Gymnastik – Dauer zwischen 10 und 20 min – schwimmen Sie sich zunächst einige Bahnen ganz locker ein. In Schwimmerkreisen sprechen wir vom »Einrollen«, was diesen ersten Teil des Einschwimmens gut charakterisiert: Ohne Spannung und mit größer werdenden Bewegungsweiten werden die Muskeln und Gelenke nun schwimmerisch auf kommende Belastungen vorbereitet. Im zweiten Teil des Einschwimmprogramms sollen Sie sich gezielt auf den Hauptteil des Trainings einstellen. Leichte Temposteigerungen bzw. in der Folge kurze Sprints aktivieren die schnell zuckenden Fasern der Muskulatur, ohne diese zu ermüden. Sie dürfen auch bereits beim Einschwimmen ruhig einmal etwas außer Puste kommen. Keine Angst, wenn Sie gut trainiert sind, wird Ihnen die Kraft davon nicht ausgehen.

Nach einigen weiteren Bahnen ruhigen Schwimmens bekommen Sie dann die so-

DAS TRAINING

Legen Sie eine Pause ein, wenn Sie Müdigkeit verspüren.

genannte Zweite Luft, mit der gute Leistungen im Hauptteil des Trainingsprogramms realisierbar werden.

Techniktraining

Wie bei allen anderen Trainingsbereichen gilt es auch beim Techniktraining, einige sehr wichtige Aspekte nicht außer Acht zu lassen.
- Beginnen Sie das Techniktraining wegen der Prophylaxe von Verletzungen und großer Bewegungsweiten stets gut aufgewärmt (siehe Aufwärmen). Schwimmen Sie sich also zunächst locker ein, und suchen Sie dabei durch Koordinationsübungen und leichte Temposteigerungen den guten Abdruck vom Wasser. Durch diese konzentrierte Vorbereitung werden Ihre Muskulatur und Gelenke geschmeidiger, die Rückmeldung über die Nervenbahnen wird schneller und genauer. Unterlassen Sie kraftraubende Serien. Heben Sie sich Ihre körperliche und geistige Energie für das anspruchsvolle Lernen neuer Technikdetails auf.
- Üben Sie neue Schwimmbewegungen zunächst auf kurzen Distanzen, bis Sie diese in der Grobform beherrschen. Dazu bietet sich die Länge des Lehrschwimmbeckens oder die kurze Querseite des Wettkampfbeckens an.
- Das Abschätzen des richtigen Abstands bei Wenden gelingt Ihnen zunächst besser

in gleichmäßiger Wassertiefe und mit der Orientierungshilfe der Bodenmarkierungen (siehe auch »Die Wenden«, Seite 98 ff.).
- Das Wasser darf mit 28 °C ruhig wärmer sein als beim Konditionstraining. Sie sollen sich in den erholsamen Pausen zwischen den Übungen konzentrieren können und nicht frieren müssen. Bei Temperaturen jenseits der 30 °C leidet durch den sinkenden Muskeltonus das Wassergefühl.
- Haben Sie einen Partner, der Ihnen hilft und Sie korrigiert, dann sollte er Sie aus allen möglichen Blickwinkeln beobachten, auch unter Wasser oder von oben. So wird ihm kein Detail und Ihnen damit keine wichtige Rückmeldung entgehen.
- Horchen Sie während der Lernphase in sich hinein, und reagieren Sie auf eine beginnende Ermüdung! Eine Überbeanspruchung der Nervenzellen durch starke Erregungsprozesse während zu langer Aufmerksamkeit führt zu negativen Hemmungsprozessen. Dadurch will auf einmal das, was eben noch sehr gut geklappt hat, nicht mehr gelingen. Selbst wenn Sie es immer wieder versuchen, werden Sie diese Technik nicht stabilisieren können. Brechen Sie unter diesen Umständen das Üben dieser Technik sofort ab, und versuchen Sie es – mit sicherlich besserem Erfolg – am nächsten Tag erneut. Möglicherweise können Sie aber ein Detail einer anderen, nicht direkt bewegungsverwandten Stilart noch weiter verbessern. Zum Beispiel nach der Brust-Gesamttechnik den Rückenstart.
- Üben Sie nicht immer nach derselben Methode und mit demselben Übungsreper-toire, ansonsten droht die Gefahr von Lernplateaus. Gestalten Sie zur Vermeidung dieser Blockaden im Lernfortschritt Ihr Techniktraining abwechslungsreich.

Schnelligkeitstraining

Isoliertes Schnelligkeitstraining wird im Leistungssport sehr selten angewendet, meist erst in der unmittelbaren Wettkampfvorbereitung vor wichtigen Wettkämpfen. Normalerweise sollte Schnelligkeitsarbeit in reduziertem Umfang Bestandteil beinahe eines jeden Trainings sein, damit diese Fähigkeit auf einem hohen Level gehalten wird. Lediglich reine Langstreckenschwimmer verzichten meist darauf.
Ähnlich wichtig wie beim Techniktraining ist auch beim reinen Schnelligkeitstraining ein umfangreiches Aufwärmprogramm. Auf eine lockere Erwärmung an Land folgt ein schnelligkeitsspezifisches Einschwimmprogramm. Schwimmen Sie einige Bahnen ganz locker, um ein erstes Wassergefühl zu bekommen. Sobald Sie das Gefühl haben, es »rutscht«, können Sie mit leichten Temposteigerungen über kurze Distanzen bis in den submaximalen Bereich beginnen. Nach den kurzen Belastungen, die Sie nicht ermüden dürfen, geht das Training nahtlos in die Schnelligkeitsarbeit über.

Aktionsschnelligkeit
Betrachten wir zunächst das Training der Aktionsschnelligkeit, der Schnelligkeit der zyklischen Schwimmbewegungen.

DAS TRAINING

Versuchen Sie bei den folgenden Sprints immer mit höchster Schnelligkeit zu schwimmen, mit submaximalem Tempo trainieren Sie Ihrer Muskulatur auch nur submaximale Bewegungsmuster an.
Die Übungen sollten Sie mit und ohne Startkommando, mit und ohne Gegner und in verschiedenen Stilarten durchführen. Üben Sie abwechselnd folgende Variationen gegen das Bilden von Geschwindigkeitsplateaus:
- Sprints über 10 bis 15 m aus dem Wandabstoß.
- Sprints über 10 bis 15 m mit Startsprung.
- Sprints über 10 m aus Liegen im freien Wasser.
- Sprints 10 m um die Wende.
- Anschlagsprints, Beginn 10 m vor Anschlag.

Sie dürfen auch ab und zu mit einer deutlich überhöhten Frequenz sprinten. Dadurch verbessern Sie Ihre intra- und intermuskuläre Koordination (siehe auch »Krafttraining«, Seite 145 ff.), was Ihnen bei einer ökonomisch sinnvollen Frequenz mehr Wassergefühl vermittelt und Sie schneller macht.

Reaktionsschnelligkeit
Für das Training der Reaktionsschnelligkeit, die Sie vor allem bei den Starts, aber auch beim schnellen Einrollen bei der Wende benötigen, eignen sich Übungen auf Startkommando:
- Starts vom Block mit dem regelkonformen Kommando.
- Starts vom Block auf unterschiedliche akustische Reize (Pfiff, Klatschen, Schuss).
- Anschlagwettkampf: Zwei Partner schwimmen miteinander, kurz vor der Wand beginnt Partner 1 den Sprint bis zur Wand. Partner 2 muss reagieren und versuchen aufzuholen.
- Sprints auf der Bahn: Aus dem Lockerschwimmen folgt auf Pfiff ein schneller Antritt über 10 m.

Schwimmen Sie zur Schulung einer hohen Geschwindigkeit sowie der Übergänge zur jeweiligen Schwimmtechnik nach dem Startsprung immer einige Meter mit maximalem Tempo weiter.
Gestalten Sie Ihre Pausen zwischen zwei Wiederholungen am besten aktiv, mit lockerem Schwimmen und leichten Dehnungsübungen.
Die Wiederholungszahl sollte zwischen 4 und 12 liegen. Brechen Sie das Schnelligkeitstraining sofort ab, wenn Sie das Gefühl haben, die Geschwindigkeit nicht mehr halten zu können. Schwimmen Sie die geplante Serie nicht zu Ende, sonst trainieren Sie stattdessen Schnelligkeitsausdauer.
Zur Erholung nach Serienende eignet sich am besten das Schwimmen einiger Bahnen regenerativer Ausdauer.

Ausdauertraining

Schwimmen wird häufig als Ausdauersportart mit – je nach Streckenlänge – mehr oder minder starker Kraftkomponente definiert. Betrachtet man die Trainingsumfänge im

Hochleistungssport von täglich 4 bis 5 Stunden im Wasser, darüber hinaus noch jeweils etwa eine Stunde im Kraftraum sowie andere Ergänzungssportarten, dann kann man dieser Definition nur zustimmen. Auch wenn Ihre Trainingsumfänge nicht an diese vielen Stunden pro Tag heranreichen, ist es sinnvoll, nach wissenschaftlich fundierten und in der Praxis erprobten Methoden zu trainieren. In der Trainingspraxis unterscheiden wir im Ausdauertraining zwischen Grundlagenausdauer und Schnelligkeitsausdauer. Während ich der Grundlagenausdauer mehr Aufmerksamkeit widme, werde ich Ihnen das Training der Schnelligkeitsausdauer nur kurz näherbringen, da es im Freizeitbereich eine untergeordnete Rolle spielt.

Grundlagenausdauer 1 (GA 1)

Dies ist die hauptsächlich trainierte Ausdauer der Langstreckenschwimmer, aber auch die Basis für alle anderen Schwimmstrecken. Ein Hobbyschwimmer wird den größten Umfang seines Trainings der Herausbildung der Grundlagenausdauer 1 widmen. Man arbeitet dabei mit Pulswerten von 120 bis 140 Schlägen/min. Je älter und/oder je besser der Trainingszustand ist, desto niedriger sollte der Puls während der Belastung sein. Das Ziel ist, ohne nennenswerte Übersäuerung der Muskulatur relativ lange Strecken schwimmen zu können. Solange Sie im beschriebenen Pulsbereich trainieren, wird sich in Ihrem Körper lediglich eine geringe Übersäuerung von etwa 2 mmol Laktat pro Liter Blut ansammeln. Diese kann vom Körper noch während der Belastung wieder verarbeitet werden.

Beim GA-1-Training wird zur Energiebereitstellung im Wesentlichen auf die Verbrennung von Fett zurückgegriffen. Neue Untersuchungen zweifeln an, dass die Fettverbrennung hier erst nach ca. 30 Minuten einsetzt und bis dahin auch bei langsamem Schwimmen hauptsächlich die kurzfristig zur Verfügung stehenden Energiespeicher aufgebraucht werden.

Dauermethode

Als Trainingsmethode zur Verbesserung der GA 1 eignet sich zunächst die Dauermethode. Hierbei schwimmen Sie, wie es der Name schon sagt, eine gewisse Dauer ohne Pause. Dies können beim Einsteiger 10 min oder 400 m sein, Professionals legen auch schon mal 1 Stunde bzw. 5 km oder mehr am Stück zurück.

Wählen Sie das Tempo dabei so, dass Sie die Distanz gleichmäßig schnell bewältigen können. Einen großen Tempoabfall oder große Leistungsreserven zum Ende der Strecke sollten Sie nicht haben.

Fahrtspielmethode

Etwas Abwechslung ins Training bringt eine Variante der Dauermethode, die Fahrtspielmethode. Streckenabschnitte unterschiedlicher Intensität wechseln sich in mehr oder weniger exakter Folge ab. Beispielsweise schwimmen Sie 40 m mit 60 % Ihrer Maximalgeschwindigkeit, um dann 20 m lang das Tempo auf 70 % zu erhöhen. Darauf folgen wieder 40 m mit 60 % usw. Dabei dürfen Sie nur so schnell schwimmen, dass Ihre Laktatwerte – das Maß für den Grad der Übersäuerung im Blut – im Durchschnitt etwa 2,5 mmol/l nicht überschreiten. Durch den Tempowechsel und die damit verbundene leicht höhere Intensität wird die Streckenlänge gegenüber der Dauermethode um 30 bis 50 % reduziert.

Extensive Intervallmethode
Sie schwimmen Intervalle mit relativ niedriger Intensität, sodass die Übersäuerungswerte an die sogenannte aerobe/anaerobe Schwelle von etwa 4 mmol/l heranreichen. Dies dürfte einem Puls von 140 bis 150 Schlägen/min entsprechen. Dabei schwimmen Sie die Teilstrecken in etwa derselben Geschwindigkeit, leichte Tempovariationen sind erlaubt. Die Streckenlänge kann zwischen 25 und 400 m variieren, die Wiederholungszahl zwischen 8 und 100. Die Pausen gestalten Sie ziemlich kurz, sodass Sie noch nicht vollständig erholt sind. Ein Beispiel könnte folgendermaßen aussehen:
Für Einsteiger:
- 10 x 25 m Brust mit 20 s Pause

Für den Fortgeschrittenen:
- 8 x 50 m Brust und Kraul im Wechsel, 20 s Pause

Für den Geübten:
- 8 x 100 m Lagen mit 30 s Pause

Grundlagenausdauer 2 (GA 2)
Höhere Laktatwerte von über 4 mmol/l führen beim Hobbyschwimmer bereits nach kurzer Zeit zum Abbruch des Trainings. Danach benötigen Sie bis zu drei Tage Erholungszeit zur vollständigen Wiederherstellung.
Die Intensität ist gegenüber der GA 1 deutlich erhöht, die Pausen müssen länger gestaltet werden.
Die Trainingsmethode der GA 2 ist die intensive Intervallmethode. Hierbei trainieren Sie mit Pulswerten von 150 bis 180 Schlägen/min. Die Energie wird zum Teil aerob, zum Teil anaerob gewonnen. Dabei häuft sich zwischen 4 und 6 mmol/l Laktat an. Die Pausen müssen erholsam gestaltet werden, ansonsten würde die Milchsäure im Blut kumulieren, und Sie könnten die Serie nicht in der gewünschten Intensität vollenden.
In der Praxis schwimmen Sie in gleichmäßig hohem Tempo zum Beispiel Serien von:
Für Einsteiger:
- 6 x 50 m Brust, 45 s Pause

Für 100 m Sprinter:
- 8 x 100 m Lagen, 1 min Pause

Für Mittelstreckler:
- 5 x 200 m Kraul, 1:30 min Pause

Schnelligkeitsausdauer-Training

Das Training der Schnelligkeitsausdauer (SA) bzw. des Stehvermögens ist die den Körper und Geist am meisten belastende Trainingsform. Neben der Anhäufung an Laktat, die bis zur Erschöpfung gehen kann, wird eine große Menge von Stresshormonen ausgeschüttet. Die Schulung der SA zielt darauf ab, im Training und vor allem im

Wettkampf ein sehr hohes Tempo, trotz einer Anhäufung von Milchsäure im Blut, durchzustehen. Diese Kumulation von Milchsäure bereitet dem Untrainierten zunächst extreme Muskelschmerzen. Bereits nach wenigen Metern mit hohem Laktatspiegel müssen Untrainierte eine SA-Serie beenden.

Nach regelmäßigem SA-Training wird die Schwelle, die zum Abbruch der Belastung führt, weiter nach oben verschoben. Man kann dann weit höhere Laktatwerte ertragen als vorher. Ob dies nun daran liegt, dass der Körper die Milchsäure besser durch Enzyme tolerieren kann oder – wie neuere Forschungen behaupten – der Effekt des Trainings allein in der besseren psychischen Härte und nicht in einer physiologischen Anpassung begründet ist, ist für das Ergebnis sekundär. Man kann höhere Geschwindigkeiten über eine längere Schwimmstrecke durchhalten.

Serien zur Verbesserung der SA können wie folgt aussehen:
- 4 x 100 m Hauptschwimmart, jede Wiederholung maximales Tempo, 15 min Pause
- 3 Serien, 4 x 50 m Rücken mit 15 s Pause maximales Tempo, Serienpause 200 m Lockerschwimmen

Abwärmen

Unter dem Begriff »Abwärmen« verstehen wir das Ausschwimmen nach den Hauptserien in einem Pulsbereich von unter 100 Schlägen/min, bei dem die Regeneration das alleinige Ziel ist.

Zum Abwärmen gehört aber auch ein Lockerungs- und Dehnungsprogramm nach dem Training, entweder noch im Wasser oder unter der Dusche oder im Trockenen. Ein umfangreiches Abwärmen oder Cooldown ist bei den meisten Sportlern beinahe noch mehr Stiefkind als das richtige Aufwärmen. Dabei erfüllt es einige ausgesprochen wichtige Funktionen.

- Die angefallenen Stoffwechselprodukte, wie zum Beispiel Laktat, werden besser und schneller zum Abbau abtransportiert als in Ruhe.
- Das Herz-Kreislauf-System wird nicht abrupt entlastet, sondern kann sich langsam beruhigen. Somit wird der Entstehung von Bluthochdruck vorgebeugt.
- Nach Beinschlag- oder Armzugserien wird die in den stillgehaltenen Gliedmaßen entstandene Muskelstarre aufgelockert.
- Sie bereiten indirekt das nächste Training vor: Die nächste Trainingseinheit kann gleich mit einem besseren Wassergefühl begonnen werden.
- Die Muskulatur wird durch Dehnübungen in ihre optimale Länge zurückgebracht, und der Muskeltonus wird gesenkt.
- Die Psyche gelangt von einem angespannten, leistungsbereiten Niveau in einen wohligen, entspannten Zustand.
- Durch intensives Training ausgeschüttete Stresshormone können abgebaut werden. Vermeiden Sie beim Ausschwimmen die Produktion von Laktat, und schwimmen Sie dementsprechend langsam. Steigern Sie

nochmals Ihren Bewegungsumfang zur aktiven Dehnung von Muskeln, Sehnen und Bändern.
Führen Sie gegen Ende des Programms, noch während Sie schwimmen, Lockerungsübungen durch: Schütteln Sie Ihre Arme in einer verzögerten Schwungphase über Wasser aus, und lassen Sie sie erst danach ins Wasser fallen.
Oder Sie liegen mit dem Kopf nach unten im Wasser und schütteln Ihre gesamten Gliedmaßen aus.

Exkurs: Schwimmen im Freiwasser

Schwimmen in Freibädern sowie in offenen Gewässern – dazu gehören Seen, fließende Gewässer und das Meer – bedeutet für viele Schwimmer mehr als nur Training unter freiem Himmel. Beinahe sehnsüchtig werden die Tage erwartet, an denen die Temperaturen das Schwimmen im Freien erlauben und man den Dunst der Hallenbadluft hinter sich lassen kann.
Um das »Outdoor-Schwimmen« auch über längere Zeit genießen zu können, sollten Sie sich allerdings gezielt darauf vorbereiten. Allzu schnell finden Sie sich sonst nach dem ersten Schwimmtag mit einer starken Erkältung und Fieber im Bett wieder. Gerade der Wechsel von der meist zwischen 26 und 28 °C warmen Hallenbadluft auf Außentemperaturen von 20 °C oder weniger, dazu noch ein kühles Lüftchen, wird leicht unterschätzt. Das Einatmen der kühleren Luft verursacht leichte Halsschmerzen, die Haut kühlt auf dem Weg von der Umkleidekabine zum Schwimmbecken und in den Pausen zwischen zwei Serien leicht aus.
Noch gefährlicher ist der Umstieg von den beheizten Becken der Hallen- und Freibäder in die Seen, die im Frühsommer selten wärmer als 20 °C werden. Lediglich in südlichen Urlaubsländern sind – bis auf windbedingtes Auskühlen – keine Probleme mit Erkältungskrankheiten zu erwarten.
Durch Abhärtung und entsprechende Vorsichtsmaßnahmen können Sie sich davor schützen.
Regelmäßige Saunagänge mit anschließenden kalten Güssen, kaltes Duschen vor dem Abtrocknen, aber auch das Betreiben von anderen Outdoor-Sportarten in der kalten Jahreszeit sind ausgezeichnete und bewährte prophylaktische Maßnahmen.

Die richtige Ausrüstung
Denken Sie auch an die richtige Ausrüstung. Da über den Kopf die meiste Wärmeenergie an das Wasser abgegeben wird – das Gehirn wird automatisch als Schutzmechanismus gegen Kälte stärker durchblutet –, empfiehlt sich im Freiwasser das Tragen von Silikonkappen. Viele erfahrene Langstreckenschwimmer tragen aus diesem Grund sogar zwei Kappen übereinander! Wenn Sie vorhaben, längere Strecken bei niedrigen Wassertemperaturen zu schwimmen, empfehle ich Ihnen zudem, Ihren Körper mit wasserabweisenden Cremes auf Fett- oder Silikonbasis gegen das Ausküh-

Das Training im Wasser

Schwimmen vor historischer Kulisse – ein Genuss

len einzureiben. Vergessen Sie danach nicht, sich gründlich zu säubern! Tauschen Sie Ihre Hallen-Schwimmbrille gegen ein Modell mit getönten Gläsern und UV-Protektion zum Schutz Ihrer Augen vor der Sonnenstrahlung.
Packen Sie in Ihre Schwimmtasche immer ein Handtuch mehr als üblich, ideal dazu wäre auch ein Bademantel, den Sie gleich am Beckenrand oder Ufer anziehen können.

Ausreichend trinken

Auch bei längerem Training im offenen Gewässer gilt die Regel, etwa alle 15 bis 20 min Flüssigkeit zu sich zu nehmen. Das Getränk darf ruhig etwas höher kalorisch sein, um mit diesem Energieschub einem drohenden Temperaturverlust vorzubeugen. Wählen Sie besser eine Rundstrecke, bei der Sie regelmäßig an Ihrer Verpflegungsstelle vorbeikommen anstatt einer zu langen Hin-Rück-Strecke. Stellen sich nämlich bereits Krämpfe ein, ist es zu spät, den Verlust an Mineralstoffen noch kurzzeitig auszugleichen. Der Abbruch Ihres Trainings wäre die unausweichliche Folge.
Bedenken Sie immer, dass Sie dieselbe Strecke auch wieder zurückschwimmen müssen, wenn Sie einfach nur geradeaus in einen weiten See oder das offene Meer hinausschwimmen. Tasten Sie sich langsam an Ihre Leistungsfähigkeit heran. Testen Sie mit Hilfe einer wasserdichten Uhr, wie lange Sie ohne Erschöpfung schwimmen können,

Auch Freiwasserschwimmer sollten das Wendetraining nicht vernachlässigen.

und steigern Sie dann langsam erst den Umfang, später die Intensität.
Idealerweise haben Sie eine Begleitperson in einem Ruderboot. So können Sie jederzeit auf Ihre Trinkflasche zugreifen, sich Ihre Zugfrequenz messen lassen und damit Ihr Tempo überprüfen oder sich ab und zu eine kleine Erholungspause gönnen – ein nicht zu unterschätzender Sicherheitsfaktor.

Auf Gezeitenunterschiede achten

Schwimmen in offenen Gewässern birgt neben den bereits beschriebenen noch weitere Gefahren. Beachten Sie im Meer unbedingt den Stand der Gezeiten! An manchen Stränden kommen Gezeitenunterschiede von mehreren Metern vor, was sich bei Ebbe, also ablaufendem Wasser, fatal auswirken kann. Das zurückweichende Wasser zieht durch die Sogwirkung Schwimmende mit ins offene Meer hinaus. Nur mit großen Anstrengungen kann man dagegen anschwimmen. Schwimmen Sie deshalb relativ nahe und parallel zum Strand: am besten etwas außerhalb der Brandung, damit Sie nicht dauernd von sich brechenden Wellen überspült bzw. Richtung Strand getrieben werden. Um den Abstand zum Ufer besser einschätzen zu können und sich nicht zu weit zu entfernen, empfiehlt sich beim Kraulschwimmen die Atmung zur Uferseite oder zumindest ab und zu eine wechselseitige Atmung nach links und rechts.
Ist Ihre bevorzugte Schwimmtechnik Kraul, dann heben Sie zur Orientierung etwa alle fünf bis sechs Züge Ihren Kopf zur Atmung nach vorne. Sobald Sie weniger seitliche Abdrift bekommen, das bedeutet, dass Sie sehr gleichmäßig links und rechts ziehen, können Sie das Nach-vorne-Atmen wieder reduzieren.
Sicherlich interessiert Sie nicht nur, wie lange, sondern auch wie weit Sie geschwommen sind. Im offenen Gewässer, auch ohne Strömung, lässt sich dies nur ungefähr bestimmen. Als Anhaltspunkt zählen Sie im Schwimmbad, wenn möglich auf der 50-m-Bahn, Ihre Zugzahl. Rechnen Sie jetzt für den fehlenden Wandabstoß und die etwas widrigeren Bedingungen »Outdoor« ca. 10 % der Züge hinzu. Nun können Sie eine Strecke im Freiwasser auszählen und damit die Distanz hochrechnen. Dieses Beispiel funktioniert selbstverständlich mit allen Techniken.
Bedenken Sie, dass Ihr Schwimmtempo im See und Meer durch die fehlende Orientierung und die meist widrigeren Bedingungen normalerweise etwas langsamer ist als im Becken.

Trainingspläne für Einsteiger

Auf den folgenden Seiten finden Sie einige Trainingsbeispiele für Einsteiger. Um diese Programme bewältigen zu können, sollten Sie die vier Stilarten, Starts und Wenden in der Grobform beherrschen. Sind diese Voraussetzungen noch nicht gegeben, verweise ich Sie auf das Kapitel »Training, Planung und Durchführung« in dem Buch »Richtig Schwimmen«, siehe Anhang. Selbstverständlich können Sie die Serien auch nach Belieben Ihren persönlichen Bedürfnissen anpassen. So ist es völlig belanglos, ob Sie zum Beispiel 12 x 25 m, 6 x 50 m oder 3 x 100 m in GA 1 schwimmen. Entscheidend ist lediglich, dass die Intensität stimmt und die Pausen entsprechend verkürzt bzw. verlängert werden. Um Trainingspläne übersichtlich gestalten zu können, werden meist Abkürzungen verwendet. Da es keine Normen gibt, sind viele unterschiedliche Kürzel in Gebrauch. So verwende ich beispielsweise GSA für Gesamtschwimmart – Sie trainieren die komplette Technik und nicht nur Arm- oder Beinarbeit. Eine andere Bezeichnung dafür ist »gesamte Lage« (g.L.).

Gebräuchliche Abkürzungen in Trainingsplänen

Te	= Technik, Stilart
HSA	= Hauptschwimmart (beste, liebste Stilart)
NSA	= Nebenschwimmart (zweitbeste, -liebste Stilart)
bel.	= beliebig, Stilart nach Wahl
lo	= lockeres Schwimmen
Br	= Brustschwimmen
Kr	= Kraulschwimmen
Rü	= Rückenschwimmen
De/S	= Delphin- oder Schmetterlingsschwimmen
La	= Lagenschwimmen
B	= Beinschlag am Brett
A	= Armzug, eventuell mit Paddles und Pull-Buoy
GSA	= Gesamtschwimmart
Start	= Startsprung mit Übergang zum Schwimmen, ca. 15 m
Wende	= ca. 10 m schwimmen + schnelle Wende + Übergang ca. 10 m
TÜ	= Technikübungen
v.u.	= von unten, aus der Wasserlage
v.o.	= von oben, vom Startblock
P	= Pause: ' = Minute " = Sekunden
Start alle...	= Zeit für die Schwimmstrecke + Pause
↑	= Temposteigerung

1. Trainingswoche für Einsteiger, 2 bis 3 Trainingseinheiten (TE)

Trainingsziel: Technikverbesserung, Wassergefühl, GA 1 und S

	1. TE 600 m	2. TE 800 m	3. TE 800 m
Ein-schwimmen	• 100 m gleiten, Br + Rü • 25 m Wechsel	• 100 m bel. lo • 100 m Rü-Doppel-armzug	• 150 m Br, im Wechsel: 25 m 2 B/1 A + 25 m gleiten
Hauptteil	• 4 x Start + lo 10 m • 4 x 25 m Kr Einarm-schwimmen P 30" • 100 m Kr 3er Zug • 2 x 50 m Br-B, P 30"	• 8 x Wende (2 x je Stil) • 200 m Kr GA 1, ohne P • 4 x 10 m Sprint v.u. + 15 m lo	• 4 x 25 m De-B mit Br-A, P 20" • 3 x 50 m B HSA, P 30" • 8 x 25 m, 2 Te im Wechsel, P 20", GA 1 • 100 m A HSA
Aus-schwimmen	• 100 m Rü-Te-Varia-tionen	• 100 m Br Tauchzüge	• 100 m bel. lo

2. Trainingswoche für Einsteiger, 2 bis 3 Trainingseinheiten

Trainingsziel: Technikverbesserung, Wassergefühl, GA 1 und S

	1. TE 800 m	2. TE 1000 m	3. TE 1000 m
Ein-schwimmen	• 200 m, alle 50 m Te-Wechsel und da-bei auf 50 m leichte ↑	• 100 m HSA gleiten • 2 x 50 m Kr 3er Zug • 50 m lo	• 150 m Rü-Kr-Rü • 100 m Br wenig Züge
Hauptteil	• 2 x (4 x 25 m GA 1, schneller Anschlag, 4 Te, P 20") • 200 m Kr je 50 m 2er/3er/4er/5er Zug • 2 x 50 m Br-A, P 20"	• 400 m HSA GA 1 Test • 100 m Rü lo • 3 x 50 m B-Rü/Br/Kr, P 30"	• 6 x 15 m v.o. Sprint, 2 Te, P 15 m zurück • 50 m lo • 4 x 75 m HSA/NSA-A im Wechsel, P 25 m lo
Aus-schwimmen	• 100 m De-Einarm-schwimmen	• 100 m lockere Delphinsprünge	• 100 m Rü-Doppelarm-zug

3. Trainingswoche für Einsteiger, 3 Trainingseinheiten

Trainingsziel: Technikverbesserung, Wassergefühl, GA 1 und S

	1. TE 1000 m	2. TE 1200 m	3. TE 1300 m
Ein-schwimmen	• 50 m Rü lang • 150 m Kr-/Rü-Ab-schlagschwimmen	• 100 m bel. • 4 x 25 m HSA, ↑ auf 25 m • 50 m lo	• 100 m Br wenig Züge • 100 m Kr 3er–5er Zug

Hauptteil	• 6 x Start + lo 10 m, je 3 x Rü/Kr • 50 m lo • 6 x 50 m HSA-A, P 40" • 2 x 100 m B, HSA, P 45"	• 6 x 25 m 2 Te, 10 m Sprint pro 25 m, Rest lo, P kurz • 2 x 100 m La-B, P 30" • 200–100–50 m Kr-Br-Rü, GA 1, P 1' + 30" • 2 x 50 m NSA-A, P 40"	• 2 x (3 x 25 m, 1.–3. ↑), 2 Te, P 25 m lo • 500 m Dauerschwimmen, Te-Wechsel erlaubt • 200 m B bel.
Ausschwimmen	• 100 m Kr/Rü mit Arme ausschütteln	• 150 m bel. TÜ	• 100 m ausbaden

4. Trainingswoche für Einsteiger, 3 Trainingseinheiten
Trainingsziel: Technikverbesserung, Wassergefühl, GA 1 und S

	1. TE 1300 m	2. TE 1500 m	3. TE 1500 m
Einschwimmen	• 100 m Kr mit starker Rollbewegung • 100 m Br gleiten • 50 m Kr, wenig atmen	• 100 m Rü einrollen • 200 m HSA, Tempowechsel • 50 m lo	• 100 m bel. • 200 m Kr/Rü, alle 25 m Wechsel
Hauptteil	• 150 m De-TÜ • 50 m lo • 6 x 15 m De saubere Te + 10 m lo, P 20" • 50 m lo • 3 x 100 m HSA, GA 1 P 45" • 200 m B, alle 25 m Te-Wechsel, ohne P	• 400 m HSA GA 1/2 Test • 100 m lo • 3 x 100 m B, 75 m NSA + 25 m HSA, P 45" • 3 x 50 m Rü, 25 m Abschlag + 25 m gesamte Te, P 30"	• 4 x 50 m, 25 m B ohne Brett + 25 m Te-Übungen, alle La • 4 x 100 m La, bei De: 2 x linker A / 2 x rechter A / 2 x ganze Lage, P 1' • 50 m lo • 4 x 75 m HSA-A + 25 m NSA-A, P 1'
Ausschwimmen	• 75 m Rü-Doppelarmzug • 75 m Br-Tauchzüge	• 200 m Kr 5er/4er/ 3er/2er Zug, je 50 m	• 100 m Kr 3er Zug • 50 m Delphinsprünge

6. Trainingswoche für Einsteiger, 3 Trainingseinheiten
Trainingsziel: Technikverbesserung, Wassergefühl, GA 1 und S

	1. TE 1800 m	2. TE 1800 m	3. TE 2000 m
Einschwimmen	• 100 m bel. • 100 m Rü, De-B unter Wasser nach Abstoß • 100 m Kr, gleiten	• 100 m Br Tauchzüge • 200 m Kr/Rü-Abschlag • 100 m HSA gleiten	• 300 m verschiedene TÜ • 100 m Kr, je 25 m 3er und 4er Zug

Hauptteil	• 8 x 25 m je Te 2 x, wenig atmen • P 25 m lo • 50 m lo • 3 x 200 m HSA, 1.–3. leichte ↑, P 1' • 50 m lo • 200 m LA-B, Reihenfolge rückwärts	• 3 x (10 m, 15 m, 25 m Sprint v.u.) 3 Te, P 15 m, 10 m, 25 m • 50 m lo • 6 x 100 m HSA, je 100 m B/A/GSA, P 30–45" • 50 m lo • 200 m NSA, ca. alle 12,5 m leichter Tempowechsel	• 1 x 800 m Kr, wenn möglich ohne P • 50 m lo • 4 x 50 m Br-B, lang gleiten, P 20–30" • 50 m lo • 2 x 150 m HSA-A, 50 m lang, flott, lang, P 1'
Ausschwimmen	• 100 m Br-Tauchzüge • 100 m bel. mit Auslockern	• 4 x 50 m Br, 25 m 2 B + • 1 A und 25 m GSA, kurze P	• 200 m alle La ohne De, wenig Züge

10. Trainingswoche für Einsteiger, 3 Trainingseinheiten

Trainingsziel: Technikverbesserung, Wassergefühl, GA 1/2 und S

	1. TE 2400 m	2. TE 2500 m	3. TE 2500 m
Einschwimmen	• 200 m Kr/Rü alle 50 m Wechsel • 200 m HSA, leichter Tempowechsel • 100 m NSA, auf 25 m leichte ↑	• 50 m Kr + 100 m Rü + 150 m Br • 4 x (3 x 15 m Sprint), alle Te • P 10 m lo	• 100 m bel. • 300 m Rü/Br/Kr, alle 25 m Wechsel • 2 x 100 m La rückwärts, De = De-TÜ
Hauptteil	• 50 m lo • 8 x 15 m NSA, Sprint in sauberer Te + 10 m lo, P 30" • 50 m lo • 6 x 100 m HSA, GA 1 P 30–45" • 3 x 100 m LA-B, alle 25 m Te-Wechsel, P 30–45" • 16 x 25 m Kr-A, 25 m flott + 25 m lo, P 20"	• 200 m lo, Testvorbereitung • 400 m HSA, GA 2, Test • 100 m lo • 2 x 200 m Rü 1.–2. leichte ↑, P 30–45" • 6 x 50 m B, HSA+NSA, 25 m Wechsel, P 45" • 200 m La, ohne P	• 6 x 50 m Rü, ↑ auf 50 m, P 30" • 50 m lo • 8 x 25m De (10 m B Tauchen, 15 m GSA), P 25m lo • 3 x 100 m Br-B, P 45" • 50 m lo • 5 x 100 m Kr-A, P 45"
Ausschwimmen	• 300 m Rü + Br im Wechsel mit TÜ	• 300 m diverse TÜ	• 300 m Kr, 5er-3er Zug

Das Training an Land

Das Training auf dem Trockenen sollte zu einem regelmäßigen Bestandteil Ihrer Trainingsplanung werden. Es ist nicht nur eine Möglichkeit, ausgefallene Wassertrainings-Einheiten teilweise zu kompensieren, sondern eine wichtige Ergänzung, um Ihren Leistungsstand auf ein höheres Niveau anzuheben. Allein mit Schwimmtraining werden Sie in absehbarer Zeit an eine Leistungsgrenze stoßen.
Dies haben die Trainingswissenschaftler und -praktiker für den Spitzensport bereits vor Jahren erkannt und in die langfristige Planung einbezogen.
Viele Hochleistungsschwimmer arbeiten neben dem Training im Wasser pro Tag noch etwa 45 Minuten an ihrer Beweglichkeit, eine gute Stunde im Kraftraum und betreiben etwa dreimal pro Woche Ergänzungs- oder Ausgleichssportarten.

Beweglichkeitstraining

Die Beweglichkeit ist ein Merkmal der sportlichen Leistungsfähigkeit, an dem Sie auf Ihrem Weg zu einer optimalen Technik genauso wenig vorbeikommen wie bei Ihrem Bestreben nach schnelleren Schwimmzeiten. Nur mit entsprechender Beweglichkeit werden Ihre Ausdauer, Kraft oder Schnelligkeit richtig zur Geltung kommen.
Die Beweglichkeit beinhaltet die Dehnungsfähigkeit von Muskeln, Sehnen, Bändern

Auch das Training an Kraftgeräten macht in der Gruppe mehr Spaß.

und Gelenkkapseln und die Gelenkigkeit – die anatomisch vorgegebene Bewegungsweite der Gelenke. Die Sportart Schwimmen erfordert im Vergleich zu vielen anderen Sportarten eine gute bis sehr gute Ausprägung der Beweglichkeit.
Eine optimale Beweglichkeit bringt folgende Vorteile:
- Große Bewegungsweiten und lange Arbeitswege werden ermöglicht, zum Beispiel beim Wasserfassen mit dem Vorschieben der Schultern.
- Die Muskulatur wird in der Schwungphase entspannungsfähiger und erholt sich dabei.
- Die Bewegungen werden harmonischer und fließender, damit auch ökonomischer.
- Mehr Muskelfasern werden bei der Bewegung eingesetzt. Sie können Ihre Kraft besser im Wasser umsetzen.
- Die Antagonisten, also die Gegenspieler der Arbeitsmuskulatur, blockieren weniger die Hauptarbeit der Agonisten.
- Die Arme können nach dem Wasserfassen sehr früh ihre optimalen Arbeitshebel einsetzen.
- Die Gefahr von Verletzungen bei abrupten Bewegungen wie Starts wird deutlich herabgesetzt.
- Die Erholungsfähigkeit eines gut gedehnten Muskels ist nach den anstrengenden Trainingseinheiten deutlich verbessert. Der Muskeltonus wird dadurch herabgesetzt.

Dehnungsmethoden

Gerade im Bereich des Beweglichkeitstrainings, des sogenannten Stretchings, gibt es im Moment eine Reihe wissenschaftlicher Ansätze. Da diese aber zum Teil noch nicht empirisch belegt sind, stelle ich Ihnen bewährte Methoden vor, nach denen bereits viele Jahre erfolgreich trainiert wurde. Grundsätzlich gilt, wie bei allen Sportarten, dass wir nicht eine maximale, sondern eine für das Schwimmen optimale Beweglichkeit anstreben.

Vor 25 Jahren dachten die Wissenschaftler und die Schwimmtrainer noch in eine andere Richtung. Es galt noch der Grundsatz »mehr hilft mehr«, und so wurden Übungen bis in extremste Bewegungsweiten und Positionen durchgeführt, ja zum Teil bereits von Kindern erzwungen. Die Folge waren hypermobile Sportler, die nach Beendigung ihrer Schwimmlaufbahn und der damit verbundenen Reduzierung des stabilisierenden Krafttrainings mit Schulter-, Knie- und Rückenschmerzen konfrontiert wurden.

Das passiv-statische Stretching

Bei dieser Stretchingmethode dehnen Sie einen Muskel langsam bis in seine momentan mögliche Endposition. Dabei darf wohl ein leichtes Ziehen entstehen, auf keinen Fall dürfen jedoch Schmerzen auftreten.

Schmerzhaft werden Dehnungen immer dann, wenn die Muskelfasern über ihre optimale Endposition hinaus gedehnt und damit kleine Verletzungen provoziert werden. Diese Verletzungen spüren Sie noch einige Tage nach der Belastung, und sie sind Ihnen als »Muskelkater« wohl bekannt (siehe auch »Krafttraining«, Seite 145 ff.).

Die Endposition halten Sie 10 bis 30 Sekunden, wobei spätestens nach 5 Sekunden das deutliche Spannungsgefühl nachlassen sollte (easy stretch). Um dies zu unterstützen, atmen Sie tief durch die Nase ein und den Mund aus. Gehen Sie jetzt langsam und nicht hastig aus der Dehnung. Während der folgenden Pause für die gerade gedehnte Muskelgruppe können Sie gleich den Gegenspieler stretchen.

Eine Verbesserung der Wirksamkeit dieser Methode erzielen Sie, wenn Sie nach den ersten 10 Sekunden Halten in der Endposition noch ein kleines Stückchen weiterdehnen und nochmals 10 bis 30 Sekunden verharren (development stretch).

Die passiv-statische Stretchingmethode ist die am häufigsten angewendete Methode. Sie ist nicht schwer zu erlernen, beinahe überall praktizierbar und auch gut ohne Partner durchzuführen. Dehnen Sie die Muskulatur vor einem intensiven Training oder gar einem Wettkampf allerdings nicht zu stark. Ihre Muskelspannung wird sonst so stark herabgesetzt, dass Sie nur noch im submaximalen Bereich schwimmen können.

Das aktiv-statische Stretching

Versuchen Sie als Erweiterung zum passiv-statischen das aktiv-statische Stretching. Bei gleicher Dehnung bis in die zuvor beschriebene Endposition spannen Sie nun den Antagonisten (Gegenspieler) aktiv an. Die Entspannungsfähigkeit des Agonisten, also des gerade in der Dehnung befindlichen Muskels, steigt deutlich, wenn der Antagonist aktiviert wird.

Meine Tipps

Das Dehnungsprogramm dient der Vorbereitung von Körper und Psyche auf das Schwimmtraining bzw. das Training an Land.
- Vermeiden Sie Übungen mit Nachfedern; der dabei aktivierte Dehnungsreflex kann die Entspannungsfähigkeit blockieren.
- Lassen Sie bei Partnerübungen größte Sorgfalt walten. Leichtfertiges starkes Dehnen kann schmerzhafte Muskelverletzungen bewirken.
- Steigern Sie die Dehnungsweite langsam von Woche zu Woche. Der passive Bewegungsapparat benötigt zur Anpassung mehr Zeit als die Muskulatur.
- Das Dehnen nach dem Training unterstützt die schnelle Regeneration.

Stretching mit Anspannen und Entspannen

Bei dieser Methode wird der hemmende Dehnungsreflex weitgehend ausgeschaltet, und man gelangt damit in weitere Endpositionen. Bedeutung hat diese in der Medizin und der Physiotherapie häufig angewandte Methode vor allem bei stark verkürzter bzw. extrem verspannter Muskulatur.

Wiederum bringen Sie den Muskel zunächst in seine Endposition. Nun spannen Sie den Muskel maximal gegen den Widerstand Ihrer Hand, einer Wand oder Ähnliches für etwa sechs Sekunden an, ohne dass sich der Muskel dabei verkürzen kann. Geben Sie dem Muskel nun drei bis vier Sekunden Entspannungspause und dehnen ihn – aus der immer noch gleichen Gelenkstellung – weiter und halten in der neuen Endposition wieder zehn Sekunden. Der gesamte Ablauf wiederholt sich noch einmal, so dass sich insgesamt das folgende Dehnen ergibt:

- Dehnen 10 s
- Anspannen 6 s – Entspannen 4 s
- Dehnen 10 s
- Anspannen 6 s – Entspannen 4 s
- Dehnen 10 s

Das aktiv-dynamische Stretching

Eine mit Vorsicht zu empfehlende Methode, die im Freizeitsport häufig falsch angewendet wird, ist die aktiv-dynamische Dehnungsmethode. Mit federnden Übungen und einer Schwunggymnastik über die normale Bewegungsweite hinaus wird versucht, eine Verbesserung der Dehnungsfähigkeit herbeizuführen. Dieser Dehnungseffekt wird leider durch abrupte Bewegungen, die den Muskel-Dehnungsreflex auslösen, wieder zunichte gemacht. Hochleistungssportler führen diese Art der Gymnastik mit Schwingen und Federn allerdings nur bis in mittlere Bewegungsweiten und sehr sanft aus. Zudem verfügen Spitzenathleten über eine ausgeprägte Entspannungsfähigkeit, wodurch das Eintreten des Dehnungsreflexes hinausgezögert werden kann.

Die dynamische Dehnung mit ihren weichen Bewegungen eignet sich gut zur Vorbereitung vor und zur Lockerung nach dem eigentlichen Dehnungstraining.

Ablauf eines Beweglichkeitstrainings

Suchen Sie sich vor dem Wassertraining einen trockenen Platz mit ausreichend Bewegungsfreiraum, und legen Sie sich eine Matte sowie Ihr Handtuch unter. So können Sie ganz entspannt dehnen.

Beginnen Sie mit leichtem Laufen und Hüpfen am Ort und gehen dann über zum Armkreisen vorwärts und rückwärts, mit einem Arm und beidarmig.

In diesen ersten 5 min wärmen Sie die Muskeln, Sehnen und Bänder von Armen, Beinen und Rumpf auf, bevor Sie mit dem eigentlichen Dehnen beginnen.

Gehen Sie systematisch vor, um keine Körperpartien zu vergessen. Entweder beginnen Sie oben und arbeiten sich nach unten durch, oder Sie beginnen in der Peripherie, also bei den Händen und Füßen und kommen über Arme und Beine zum Rumpf. Auf

Eine gute Dehnfähigkeit bewirkt große Bewegungsweiten.

Das Training an Land

jeden Fall sollten Sie zunächst sehr behutsam anfangen und die Dehnung langsam steigern. Muskelpartien, die besonders verkürzt sind, müssen Sie deutlich mehr Aufmerksamkeit widmen und ausgiebiger dehnen. Erst wenn Sie sich alleine gut vorgedehnt haben, können Sie sich von einem Partner noch weiter stretchen lassen. Ihr Programm schließen Sie mit einer Schwunggymnastik und Lockerungsübungen ab, bevor Sie unmittelbar danach ins Wasser gehen und das Schwimmtraining aufnehmen. Auf den folgenden Seiten stelle ich Ihnen eine Auswahl an schwimmspezifischen Übungen für Arme, Schultern, Beine und Rumpf vor, die Sie in Ihr tägliches Programm aufnehmen sollten.

Neben den benannten Muskeln und Sehnen werden in der Regel noch andere mitgedehnt, die aber für das Schwimmen keine oder nur eine untergeordnete Bedeutung haben und deshalb nicht beschrieben werden.

Schwunggymnastik

Armkreisen beidseits, vorwärts und rückwärts zur Mobilisierung der Schultermuskulatur

Bedeutung
Alle Armbewegungen

1 Durchführung
Stellen Sie sich mit hüftbreit geöffneten Füßen auf. Lassen Sie beide Arme locker und schwungvoll, ohne Sie dabei zu führen,

DAS TRAINING

2a **2b**

von hinten nach vorne kreisen. Gehen Sie mit dem Aufschwingen in den Zehenstand.

Variationen
- Armkreisen rückwärts und gegengleich
- Armschwingen halber Kreis, vorwärts-rückwärts und gegengleich

Beinschwingen vorwärts und rückwärts zur Mobilisierung der Bein- und Hüftmuskulatur

Bedeutung
Alle Beinschlagbewegungen

2 Durchführung
Stellen Sie sich etwas erhöht, so dass ein Bein frei schwingen kann, und schwingen Sie dieses vorwärts und rückwärts.

Variation
Als Vorbereitung für den Brust-Beinschlag kreuzen Sie das Schwungbein vor dem Standbein und öffnen es beim Auswärtsschwingen weit.

Stretching

Dehnung der Schulter- und Brustmuskulatur sowie der Armstrecker

Bedeutung
Alle Armbewegungen

3 Durchführung
Heben Sie zunächst einen Arm über den Kopf und beugen das Ellbogengelenk, um den Arm hinter den Kopf zu führen. Fassen

Sie mit der Hand des anderen Arms den Ellbogen, und ziehen Sie diesen weiter hinter den Kopf. Dabei legen Sie die leicht geöffnete Hand zwischen die Schulterblätter.

Variation
Neigen Sie den Rumpf dabei noch zur Seite. Die Latissimus-Dehnung wird verstärkt.

Dehnung der oberen Körperseite sowie der Brustmuskulatur, außerdem der hinteren Oberschenkel- und Gesäßmuskulatur

Bedeutung
Alle Armbewegungen, besonders in der Einleitungsphase beim Schmetterlingsschwimmen

4 Durchführung
Legen Sie die gestreckten Arme in Verlängerung des vorgebeugten Rumpfes etwas unter Hüfthöhe an eine Wand oder ein Geländer. Ihre Beine stehen dabei senkrecht und dürfen geöffnet sein. Drücken Sie nun langsam die Schultern weiter abwärts bis zur Endposition. Versuchen Sie beim Abwärtsdrücken Ihre Lendenwirbelsäule gerade zu halten. Vermeiden Sie also ein Hohlkreuz. Ein Partner kann durch leichtes Drücken auf die Schultern helfen.

Variation
Rotieren Sie die Schultern dabei abwechselnd links und rechts tiefer. Die Latissimus-Dehnung zur jeweiligen Seite wird damit verstärkt.

Dehnung des Schultergürtels sowie der Armmuskulatur

Bedeutung
Alle Armbewegungen

5 Durchführung
Im Langsitz führen Sie die Arme so hinter den Körper, dass die Fingerspitzen von Ihnen weg zeigen. Setzen Sie die Hände möglichst schulterbreit auf, falls Ihnen das nicht gelingt, so nah wie möglich zusammen. Schieben Sie nun das Gesäß fußwärts oder die Arme langsam nach hinten. Bald spüren Sie die Spannung im Schulterbereich und an den Armen.

Variation
Legen Sie Ihre Hände mit dem Handrücken nach unten auf den Boden, und rutschen Sie dann in die Dehnung. Sie dehnen damit die Armmuskulatur in anderen Teilbereichen.

Dehnung des großen Brustmuskels, der Ellbogen- und Fingerbeuger

Bedeutung
Alle Armbewegungen

6 Durchführung
Fixieren Sie Ihren horizontal ausgestreckten Arm mit der Hand etwa in Schulterhöhe an einer Wand, Säule oder Ähnlichem. Drehen Sie Ihren Oberkörper von der Wand weg bis in die Endposition.

Variation
Drehen Sie jetzt Ihre Hand mit dem Handrücken zur Wand, und wiederholen Sie die Dehnung. Sie stretchen nun neben der Brustmuskulatur die Ellbogen- und Fingerstreckmuskulatur.

Dehnung der Oberschenkelinnenseiten

Bedeutung
Vor allem für den Brust-Beinschlag

7 Durchführung
Führen Sie beide Fußsohlen zueinander. Fassen Sie die Füße mit den Händen, und ziehen Sie sie so nah wie möglich an das Gesäß heran. Lassen Sie Ihren Oberkörper und die Schultern dabei aufrecht, und blei-

Das Training an Land

ben Sie entspannt. Atmen Sie langsam aus, während die Hände die Knie nun vorsichtig abwärts drücken.

Variation
Wiederholen Sie diese Übung und beugen dabei Ihren gestreckten Oberkörper weit nach vorne.

Dehnung der vorderen Oberschenkelmuskulatur und des Hüftbeugers

Bedeutung
Alle Beinschlagarten, Starts und Wenden

Durchführung
8 Stützen Sie sich mit einer Hand ab, und heben Sie ein Bein nach hinten hoch. Fassen Sie den Fuß mit der freien Hand und ziehen Sie die Ferse bis ans Gesäß. Das Hüftgelenk muss völlig gestreckt sein. Fallen Sie dabei nicht ins Hohlkreuz. Sehr bewegliche Sportler drücken ihre Fersen am Oberschenkel vorbei und dehnen bei dieser Übung die Schienbeinmuskulatur mit.

Variation
Wiederholen Sie diese Übung in Bauchlage, und drücken Sie zur Verstärkung das Becken kräftig auf den Boden.

Dehnung der Oberschenkelrückseite und der Kniegelenkbeuger

Bedeutung
Alle Beinschläge, Starts und Wenden

9 Durchführung
Legen Sie sich entspannt auf den Rücken, und lassen Sie ein Bein mit angezogenen Zehen gestreckt am Boden liegen, während Sie das andere Bein mit gebeugtem Knie an der Oberschenkelrückseite nach oben ziehen (Seite 142).

DAS TRAINING

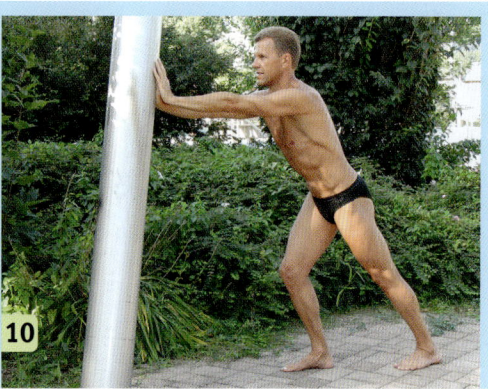

Die Hüfte des gestreckten Beines darf nicht vom Boden abgehoben werden.

Variation
Strecken Sie nun noch das Kniegelenk. Neben einer verstärkten Dehnung der Oberschenkelrückseiten werden die Wadenmuskeln als unterer Teil der Kniegelenkbeuger zusätzlich gedehnt.

Dehnung der oberen Wadenmuskulatur

Bedeutung
Starts und Wenden

10 Durchführung
Stellen Sie den zu dehnenden Unterschenkel mit gestrecktem Knie nach hinten. Der Fuß wird flach aufgesetzt. Beide Füße stehen gerade ausgerichtet, damit keine ungewollten Zugbelastungen auf die Knieinnenseiten entstehen. Stützen Sie sich an einer Wand oder einem Geländer ab, und regulieren Sie mit einer Bewegung aus dem Becken die Spannung.

Dehnung der unteren Wadenmuskulatur und der Achillessehne

Bedeutung
Starts und Wenden, Brust-Beinschlag

Durchführung
Variieren Sie die vorige Übung, stellen Sie dabei das zu dehnende Bein etwas weiter nach vorne, und beugen Sie nun das Knie so weit wie möglich. Somit dehnen Sie den Schollenmuskel im unteren Bereich der Wade und beugen durch dessen Dehnung Reizungen der Achillessehne vor. Zudem wird die Beugefähigkeit des Fußgelenks verbessert.

Dehnung der vorderen Schienbeinmuskulatur und des Fußgelenks

Bedeutung
Fußgelenk für alle Ristbeinschläge sowie Fußstreckung für günstige Wasserlage, Schienbeinmuskel für den Brust-Beinschlag

11 Durchführung

Stellen Sie Ihren Fuß mit der Oberseite der Zehen nach unten auf eine weiche Unterlage. Das Knie ist leicht gebeugt. Schieben Sie nun die Ferse nach vorne, sodass durch die Überstreckung Zug auf dem Fußrücken und der vorderen Schienbeinmuskulatur entsteht.

Variation

Drehen Sie die Ferse nach außen. Nun verbessern Sie zudem die Überstreckung des Fußgelenks einwärts.

Dehnung des Fuß- und Kniegelenks

Bedeutung

Fuß- und Kniegelenksbeweglichkeit für den Brust-Beinschlag

Durchführung

Stellen Sie Ihren Fuß mit der ganzen Sohle auf den Boden, und drehen Sie die Ferse so weit wie möglich einwärts. Lassen Sie das Knie gestreckt. Bei einer Rotation des Knies in gebeugter Stellung wirken unter Umständen sehr große Belastungen auf die Menisken, was zu Verletzungen führen könnte.

Dehnung der seitlichen Rumpfmuskulatur, der schrägen Bauchmuskulatur und der Gesäßmuskulatur

Bedeutung

Für alle Stilarten, besonders für die Rotation beim Kraul- und Rückenschwimmen

12 Durchführung

Setzen Sie sich in den Langsitz, und stellen Sie das rechte Bein angewinkelt über das linke Bein, etwa in Kniehöhe auf. Legen Sie den linken Unterarm auf den rechten Oberschenkel, und drücken Sie das Knie mit Ihrem Ellbogen nach links. Nun halten Sie diese Dehnung der Gesäßmuskulatur und drehen Ihren Oberkörper aufrecht nach rechts bis in die Endposition. Wiederholen Sie die Übung mit der Gegenseite.

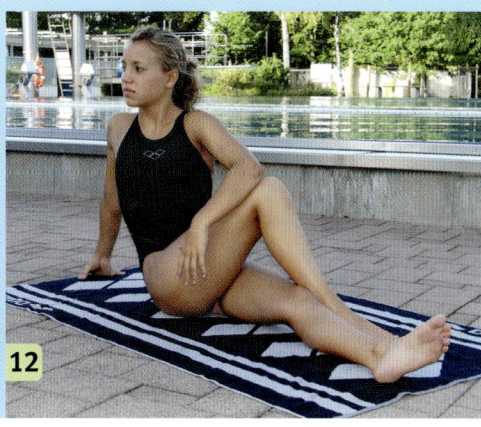

DAS TRAINING

dabei die andere Seite des Rumpfes. In der Endposition halten, danach mit der anderen Hand ziehen.

Dehnung der seitlichen und geraden Nackenmuskulatur

Bedeutung
Für alle Stilarten

14 Durchführung
Stellen Sie sich aufrecht hin, oder gehen Sie in den Kniestand. Legen Sie einen Arm über den Kopf an die gegenüberliegende Schädelseite, und üben Sie ganz sanften Zug aus. Währenddessen schieben Sie den Arm und die Schulter der zu dehnenden

Dehnung der seitlichen Rumpfmuskulatur und von Teilen der Schulter- sowie Armmuskulatur

Bedeutung
Zur optimalen Körperstreckung für alle Stilarten sowie in der Gleitphase nach Start und Wende

13 Durchführung
Stellen Sie sich mit hüftbreit geöffneten Beinen stabil auf, und heben Sie die Arme über den Kopf. Fassen Sie die Hände ineinander verschränkt. Ziehen Sie mit einer Hand in Richtung Boden, und dehnen Sie

Seite nach unten. Oft reicht dieses Nach-unten-Schieben bereits zur Dehnung aus.

Variationen
Verschränken Sie beide Hände im Nacken, und ziehen Sie vorsichtig gerade nach vorne. So dehnen Sie den mittigen Teil der Nackenmuskulatur. Für die schrägen Partien ziehen Sie den Kopf mit einer Hand diagonal nach vorne.

Krafttraining

Wie eingangs bereits erwähnt, ist Schwimmen eine Ausdauersportart mit hoher Kraftkomponente. Wie hoch der Kraftanteil wirklich ist, kann man schwer messen. Mit Sicherheit hängt die benötigte Kraft von der Streckenlänge und selbstverständlich von der Schwimmgeschwindigkeit ab. Allein die Vorstellung, dass Sie Ihren Körper über die im Wasser fixierten Arme und Hände hinweg ziehen sollen, macht die Bedeutung der konditionellen Eigenschaft Kraft plausibel. Nun ist Kraft nicht gleich Kraft. So haben sehr muskulöse Menschen oft Probleme, ihre Kraft im Wasser umzusetzen. Meist ziehen sie beim Wasserfassen viel Luft mit sich und reißen in der Folge mit enormem Einsatz durchs Wasser.
Auch gut trainierte Kraftausdauer-Sportler wie Skilangläufer oder Ruderer haben zu Beginn Schwierigkeiten und scheinen »leer« durchs Wasser zu ziehen. Dadurch werden oft 30 % mehr an Zügen gebraucht als eigentlich nötig. Was für eine Energieverschwendung! Sie müssen lernen, die Kraft, die Sie sich außerhalb des Wassers erworben haben, so zu transformieren, dass Sie einen großen Teil davon in Vortrieb ummünzen können.

Arten der Kraft

Maximalkraft
Obwohl diese Art beim Schwimmen nicht direkt benötigt wird, ist sie doch die Grundlage für die anderen Formen der Kraft. Um gut vom Startblock oder schnell aus der Wende heraus zu kommen, benötigen Sie zwar hauptsächlich Schnellkraft, aber Ihr Körpergewicht muss erst einmal beschleunigt werden. Mit einer entsprechenden Maximalkraft fällt dies umso leichter. Analog ist der Zusammenhang bei der Kraftausdauer. Auch hier ist ein gewisses Maß an Maximalkraft für ein höheres Kraftausdauerniveau von Nutzen.

Schnellkraft
Sie zeichnet sich dadurch aus, einen Körper schnellstmöglich bewegen zu können. Die Schnellkraft benötigen wir beim Schwimmen lediglich im reinen Sprint sowie beim Startsprung und bei der Wende.

Kraftausdauer
Diese setzt sich – wie es der Name schon ausdrückt – aus Kraft und Ausdauer zusammen. Bei Kurz- und Mittelstrecken bis 200 m hat der Kraftanteil eine deutlich größere Bedeutung als bei Strecken darüber, bei denen die Ausdauerkomponente

überwiegt. Entsprechend Ihrer bevorzugten Schwimmstrecke müssen Sie auch Ihr Krafttraining ausrichten. Variieren Sie dennoch von Zeit zu Zeit die Methoden, und trainieren Sie zwischendurch auch etwas härter, damit Sie nicht durch Einseitigkeit in Ihrer Kraftentwicklung stagnieren.
Unabhängig von der Streckenlänge können Sie das Training der stabilisierenden Rumpfmuskulatur überwiegend im Ausdauerbereich mit hoher Wiederholungszahl durchführen. Schnelle Kontraktionen der Bauch- und Rückenmuskulatur werden lediglich für Starts und Wenden benötigt.

Methoden des Krafttrainings

Die Methoden hängen vorrangig vom Trainingsziel ab. So ist es ein großer Unterschied, ob Sie Maximalkraft, Schnellkraft oder Kraftausdauer trainieren wollen.

Training der Maximalkraft
Prinzipiell lässt sich die Maximalkraft auf zwei Arten steigern. Bei den Methoden zur Hypertrophie der Muskulatur werden die einzelnen Muskelfasern so trainiert, dass deren Dicke zunimmt. Aus einem höheren Muskelquerschnitt können grundsätzlich höhere Kraftleistungen entwickelt werden. Dazu wird mit mittleren bis hohen Gewichten bei einer relativ langsamen Übungsdurchführung gearbeitet. Auch wenn dieses Dickenwachstum beim Schwimmen eigentlich von Nachteil ist – eine dicke Muskulatur braucht viel Energie, ist sehr schwer und neigt leicht zur Übersäuerung –, dürfen Sie sich ruhigen Gewissens zunächst eine Grundlage aufbauen. Es sei denn, Sie haben ohnehin einen sehr muskulösen Körperbau. Lassen Sie dann besser die Finger vom Hypertrophietraining.
Die zweite Möglichkeit der Maximalkraftsteigerung gelingt über die Methoden zur Verbesserung der intra- und intermuskulären Koordination (IK-Training) mit hohen bis sehr hohen Gewichten und niedriger Wiederholungszahl. Intramuskuläre Koordination heißt, dass Sie das Zusammenspiel der einzelnen Muskelfasern und Muskelfaserbündel optimieren und dass brachliegende Teile der Muskulatur aktiviert werden. Intermuskuläre Koordination spielt sich zwischen den Muskelpartien ab, die an einer Bewegung beteiligt sind.
Sicherlich haben Sie dieses Phänomen schon erlebt, wenn Sie bereits nach einem kurzen Schnuppertraining Ihre Kraftleistung deutlich verbessern konnten. Dieser Kraftzuwachs resultierte nicht aus einer Muskelmassenzunahme, sondern aus einer verbesserten Koordination.
Maximalkrafttraining ist für Jugendliche vor der Pubertät nicht geeignet, da durch das fehlende Hormon Testosteron nur unzureichend Maximalkraft entwickelt werden kann. Zudem sind für den elastischen Knochenbau Jugendlicher Übungen mit hohem Gewicht wegen der Gefahr von Überlastungen äußerst problematisch.

Training der Schnellkraft
Schnellkraft trainieren Sie vorrangig durch Krafttraining mit explosiver Bewegungsausführung. Durch unterschiedliche Gewichts-

Das Krafttraining

Trainingsziel	Intensität in % der Maximalkraft	Serien (Sätze)	Wiederholungen	Serienpausen
Schnellkraft	30 bis 40	3 bis 5	6 bis 8	3 bis 5 min
Kraftausdauer	50 bis 60	2 bis 4	25 bis 40	1 min
Hypertrophie I (mittlerer Muskelzuwachs)	60 bis 70	3 bis 5	15 bis 20	2 bis 3 min
Hypertrophie II (starker Muskelzuwachs)	80	3 bis 5	8 bis 10	3 bis 5 min
IK-Training (intra- und intermuskuläres Koordinationstraining)	90 bis 100	5 bis 12	1 bis 5	3 bis 5 min

belastungen lassen sich die Subkategorien der Schnellkraft speziell ausbilden: Mit niedrigeren Gewichten wird Ihre Startkraft zur ersten Beschleunigung des Körpergewichts verbessert; mit höheren Gewichten die Explosivkraft, damit Sie beim Startsprung Ihr Körpergewicht über die gesamte Beinstreckung bis zum Lösen vom Block beschleunigen können.

Training der Kraftausdauer

Dieses Training hat zum Ziel, eine Kraftleistung möglichst lange auf entsprechendem Niveau halten zu können. Im Krafttraining arbeiten Sie deshalb etwas über dem Kraftniveau, das Sie beim Schwimmen benötigen. Die Wiederholungszahl kommt teilweise an die Zugzahl der Schwimmbelastung heran – zum Beispiel für eine 100-m-Kraul-Strecke ca. 60 Zyklen. Versuchen Sie Krafteinsatz und Tempo der Schwimmbewegungen auf die Kraftübungen zu übertragen.

Ablauf einer Krafttrainingseinheit

Tragen Sie unbedingt zweckmäßige Bekleidung. Diese sollte locker und bequem, aber nicht zu weit sein, damit Sie nicht an Kraftgeräten hängen bleiben und sich verletzen. Atmungsaktive Bekleidung schützt Sie vor Hitzestau und hält die Muskulatur dennoch auf Arbeitstemperatur. Benutzen Sie Gewichtheber- oder Radhandschuhe, wenn Sie Zug- oder Druckbelastungen an den Händen nicht gewöhnt sind.
Wärmen Sie sich gut auf, zum einen, um sich vor Muskelverletzungen zu schützen, und zum anderen, um Ihre Muskulatur auf Kraftleistungen vorzubereiten. Nach dem ersten Warm-up folgt ein leichtes Stretchingprogramm zur optimalen Vordehnung der Muskulatur.
Vor einem Schnellkraft- und Maximalkrafttraining muss Ihr Aufwärmen länger und intensiver sein als vor einer Kraftausdauer-

DAS TRAINING

einheit. Bringen Sie Ihre Arbeitsmuskulatur mit einigen Wiederholungen und wenig Gewicht sowie niedriger Intensität auf die richtige Arbeitstemperatur, bevor Sie Schnellkraft und Maximalkraft schulen. Führen Sie die Übungen zügig, aber nicht hastig durch. Arbeiten Sie nicht mit Schwung, und achten Sie dabei immer auf eine körpergerechte Haltung. Versuchen Sie, die Übungen an Land den Bewegungen im Wasser anzupassen. Lassen Sie Ihre Hände so weit wie möglich offen, Ihre Ellbogen in hoher Stellung (siehe Abbildungen).

Übungen ohne Gerät

Liegestütz zur Kräftigung der Brustmuskulatur und der Armstrecker

Bedeutung
Für Armzug-Bewegungen aller Techniken, insbesondere für das kraftintensive Brust- und Schmetterlingsschwimmen

1 Durchführung
Stützen Sie mit dem Gesicht zum Boden Ihre gestreckten Arme etwa schulterbreit auf. Der gesamte Körper ist angespannt, sodass kein Hohlkreuz entsteht. Die Füße sind zusammen. Beugen Sie die Arme, bis der Körper fast den Boden berührt, und strecken Sie diese wieder.

Variation
Mit leicht erhöht aufgesetzten Armen trainieren Sie den unteren Teil der Brustmuskulatur, mit erhöhten Beinen den oberen Teil.

Armstrecken (Dips) zur Kräftigung der Brustmuskulatur, des Deltamuskels und der Armstrecker

Bedeutung
Für Armzug-Bewegungen aller Techniken

2 Durchführung
Stützen Sie sich rücklings auf einem Startblock, einer Bank oder Ähnlichem auf. Ihre

Beine sind dabei ungefähr hüftbreit geöffnet, Ihre Ober- und Unterschenkel bilden dabei fast einen rechten Winkel. Beugen Sie die Arme bis zu einem Ellbogenwinkel von 90°, und strecken Sie diese anschließend wieder. Als Überlastungsschutz nicht weiter als 90° beugen!

Variation
Stellen Sie Ihre Beine erhöht auf eine Bank oder Ähnliches. Dadurch können Sie die Intensität steigern.

Beinheben zur Kräftigung der Adduktoren

Bedeutung
Für den Beinschluss beim Brust-Beinschlag und zur Vorbeugung gegen Adduktorenzerrungen

3 Durchführung
Legen Sie sich auf die Seite, der Kopf wird abgestützt oder liegt auf dem unteren Arm. Stützen Sie den oberen Arm und das obere Bein vor dem Körper auf. Heben Sie nun das untere Bein so weit wie möglich hoch, und senken Sie es bis knapp über den Boden wieder ab.

Wadenheben zur Kräftigung der Zwillingswaden- und der Schollenmuskeln

Bedeutung
Für den Startsprung und den Abstoß nach der Wende

Meine Tipps

- Stellen Sie sich Ihre Übungen so zusammen, dass Sie möglichst in einem Training den Agonisten und Antagonisten, also »Spieler« und »Gegenspieler«, schulen. Damit beugen Sie muskulären Ungleichgewichten vor.
- Nutzen Sie die Pausen zwischen zwei Sätzen, und trainieren Sie in dieser Zeit andere Muskelgruppen: Lassen Sie auf eine Übung für die Arme eine Übung für die Beine folgen bzw. auf eine Bauchübung eine Rückenübung. Sie sparen sich somit viel Zeit und haben trotzdem ausreichend Erholung für die belastete Muskulatur.
- Atmen Sie während der Übungsausführung rhythmisch ein und aus, und vermeiden Sie die Pressatmung.

DAS TRAINING

recht über den Füßen, und beugen Sie sich nicht nach vorne. Senken Sie zum Dehnen der Waden die Ferse nach jedem Heben ganz zum Boden ab.

Beckenheben in Rückenlage zur Kräftigung der unteren Rückenstreckmuskulatur, der Gesäßmuskulatur und der Kniebeuger

Bedeutung
Für Beinschlag-Bewegungen aller Techniken, zur Stabilisierung des Körpers

5 Durchführung
Legen Sie sich auf den Rücken, und stellen Sie die Beine mit flach aufgesetzten Füßen auf. Die Arme liegen neben dem Körper, die Handflächen zeigen zum Boden. Heben Sie nun das Becken, bis Ihr Körper von den Schultern bis zu den Knien eine Linie bildet. Halten diese Sie Position für etwa 2 s. Kein Hohlkreuz! Senken Sie nun das Becken bis knapp über den Boden.

Variation
Legen Sie Ihre gestreckten Beine erhöht auf eine Bank oder Ähnliches.

Crunches zur Kräftigung der Bauchmuskulatur

Bedeutung
Für die stabile Körperlage bei allen Stilarten, für schnelles Absenken des Oberkörpers bei Rollwenden bzw. Beinanziehen bei Kippwenden

4 Durchführung
Stellen Sie sich mit den Fußballen auf ein Schwimmbrett oder eine kleine Stufe, und stützen Sie sich mit den Händen an einer Wand, einem Geländer oder Ähnlichem ab. Heben und senken Sie nun die Fersen. Lassen Sie Ihr Körpergewicht dabei senk-

Das Training an Land

6 Durchführung

Legen Sie sich auf den Rücken und winkeln Sie Ihre Beine an. Die Zehen sind vom Boden abgehoben. Halten Sie Ihren Kopf mit den Händen im Nacken (Fortgeschrittene verschränken die Arme vor der Brust) und heben den Rumpf einige Zentimeter vom Boden weg. Der Blick geht dabei nach oben.

Variation

Ziehen Sie die Schultern mit dem Anheben abwechselnd in Richtung linkes und rechtes Knie.

Rumpfheben in Bauchlage zur Kräftigung der Rückenstreck- und der Nackenmuskulatur

Bedeutung

Für eine stabile Körperlage bei allen Stilarten, für die Wellenbewegung beim Brust- und Schmetterlingsschwimmen

7 Durchführung

Legen Sie sich auf den Bauch, und stellen Sie die Fußspitzen auf. Halten Sie die Hände frei neben dem Kopf. Heben Sie diesen sowie Schultern und Oberkörper etwas vom Boden weg. Der Blick bleibt dabei zur Schonung der Wirbelsäule immer nach unten gerichtet. Halten Sie diese Stellung einige Sekunden, dann absenken.

8 Variation

Heben Sie abwechselnd das rechte Bein und den linken Arm vom Boden ab. Dann umgekehrt.

Übungen mit Gerät

Zugseilziehen zur Kräftigung der Brustmuskulatur und der Armstrecker

Bedeutung

Für Armzugbewegungen aller Techniken, vor allem Schmetterlings- und Kraulschwimmen

DAS TRAINING

9a **9b**

9 Durchführung

Befestigen Sie Thera-Band oder Zugseil etwa in Bauchnabelhöhe an einem Geländer, einer Heizung oder Ähnlichem. Benutzen Sie bei empfindlichen Händen Handschuhe gegen Blasen.

Schlingen Sie die Enden einige Male um die Hände, und gehen Sie so weit zurück, bis bei gestreckten Armen Spannung auf dem Seil liegt. Beugen Sie nun den Oberkörper nach vorne, und simulieren Sie mit ruhigem Körper den Unterwasserzug des Schmetterlingsschwimmens in der entsprechenden Dynamik mit hohem Ellbogen (siehe Abbildung). Führen Sie die Arme entspannt im Halbkreis von unten wieder nach vorne in die Ausgangsposition zurück.

Variationen
- Brust-Armzug-Bewegung
- Rücken-Armzug im Liegen auf einer schmalen Bank

Bankdrücken zur Kräftigung der Brustmuskulatur und der Armstrecker

Bedeutung

Für Armzugbewegungen aller Techniken

10 Durchführung

Sie legen sich auf die Trainingsbank und stellen Ihre Beine ebenfalls auf die Bank (oder ziehen die Beine über den Bauch). Dadurch vermeiden Sie eine Hohlkreuz-

Das Training an Land

bildung. Umfassen Sie etwa schulterbreit die Stange, und heben Sie die Hantel vorsichtig aus der Halterung. Senken Sie nun die Hantel bis kurz über die Brust, und heben Sie sie wieder bis zur vollen Streckung nach oben. Legen Sie am Ende der Übung die Hantel konzentriert zurück in die Halterung. Es besteht sonst Verletzungsgefahr!

Variationen
- Ein breiter oder schmaler Griff sowie das Üben auf einer Schrägbank variieren die besonders trainierten Bereiche der Brustmuskulatur.
- Als Anfänger nutzen Sie zur Sicherheit besser eine Maschine, in der die Stange geführt wird.

Überzüge (Pull-over) zur Kräftigung der Brustmuskulatur, des Armstreckers und des breiten Rückenmuskels

Bedeutung
Für Armzug-Bewegungen aller Techniken

11 Durchführung
Sie sitzen in der Pull-over-Maschine und halten die Stange – sofern es die Hebel der Maschine erlauben – mit langen Armen und geöffneten Händen. Die Ellbogen sollten hoch bleiben und die Hände die Bewegung anführen. Ziehen und drücken Sie nun die Stange ähnlich einem Schmetterling-Armzug bis zu den Oberschenkeln. Lassen Sie sie langsam wieder über den Kopf zurück.

Variation
Mit einer Langhantel oder Kurzhantel über Kopf auf einer Bank liegend. Heben bis zur Senkrechten über dem Bauch.

DAS TRAINING

Butterfly zur Kräftigung der Brustmuskulatur und des Bizeps

Bedeutung
Für Armzugbewegungen aller Techniken, besonders Brust- und Schmetterlingsschwimmen

12 Durchführung
Setzen Sie sich auf den Sitz der Maschine, und öffnen Sie Ihre Arme so weit, dass die Oberarme in waagerechter Position und die Unterarme dazu senkrecht stehen. Die Ellbogen liegen auf der gepolsterten Fläche auf. Halten Sie Ihre Hände geöffnet, und drücken Sie nun vorrangig mit Unterarmen und Ellbogen die Hebel so weit wie möglich zusammen. Das weite Öffnen dehnt den Pektoralis.

Variation
An einem Gerät, an dem die Übung mit gestreckten Armen durchgeführt werden kann.

Arm-Curl zur Kräftigung des Bizeps und des Armbeugers

Bedeutung
Für Armzugbewegungen, vor allem Brustschwimmen

13 Durchführung
Sie sitzen in dem Gerät und fassen von unten die Stange. Die geöffneten Handflächen zeigen nach oben. Ihre Oberarme liegen auf der gepolsterten Fläche, ebenso Ihre Ellbogen. Beugen und strecken Sie jetzt abwechselnd die Arme.

Das Training an Land

Variation
Handflächen zeigen nach unten.

Trizepsdrücken zur Kräftigung des Armstreckers

Bedeutung
Für Armzugbewegungen aller Techniken

14 Durchführung
Fassen Sie die Griffe der Trizepsmaschine mit beiden Händen. Legen Sie Ihre Oberarme fest auf das Polster, und drücken Sie nun den Gewichtsarm aus dem Ellbogengelenk nach unten.

Variation
Üben an einem Zugapparat

Beinstrecker zur Kräftigung der Oberschenkelstrecker

Bedeutung
Für Beinschlagbewegungen aller Techniken

15 Durchführung
Setzen Sie sich auf das Gerät, und halten Sie sich mit den Händen gut fest, sodass Ihr Körper bei der Bewegungsdurchführung nicht vom Sitz abhebt. Rutschen Sie an den vorderen Rand des Sitzes, damit Sie Ihre Knie bequem beugen können. Ebenso bequem sollte das Polster des Gewichtarms an Ihrem Unterschenkel anliegen (knapp über dem Fußgelenk). Strecken Sie die Unterschenkel bis zur Waagerechten. Beugen Sie danach die Beine wieder langsam.

DAS TRAINING

Beobachten Sie sich, ob Sie beide Beine gleichmäßig belasten oder eine Schwäche in einem Bein mit dem anderen ausgleichen. Arbeiten Sie zur Kontrolle einbeinig mit halbem Gewicht.

Variation
Intensivieren Sie die Übung, indem Sie die Rückenlehne leicht schräg stellen.

Beinbeugen in Bauchlage zur Kräftigung der Kniebeugemuskulatur

Bedeutung
Für alle Beinschlagbewegungen

16 Durchführung
Legen Sie sich mit dem Bauch auf die Bank der Maschine, und halten Sie sich fest. Die gestreckten Beine haken Sie unter den Gewichtsarm, etwa in Höhe der Achillessehne, ein. Ziehen Sie die Unterschenkel so nah wie möglich an das Gesäß, und strecken Sie die Beine danach langsam aus.

Adduktorenmaschine zur Kräftigung der Oberschenkel-Innenseite

Bedeutung
Vorrangig für Brustschwimmen

17 Durchführung
Setzen Sie sich in die Adduktorenmaschine. Drücken Sie nun zügig die Oberschenkel zusammen, und öffnen Sie diese wieder langsam.

Variation
Ein Thera-Band an einer Stange fixieren: seitlich zur Stange stehen und das gestreckte Bein gegen den Widerstand heran- bzw. über Kreuz vorbeiziehen.

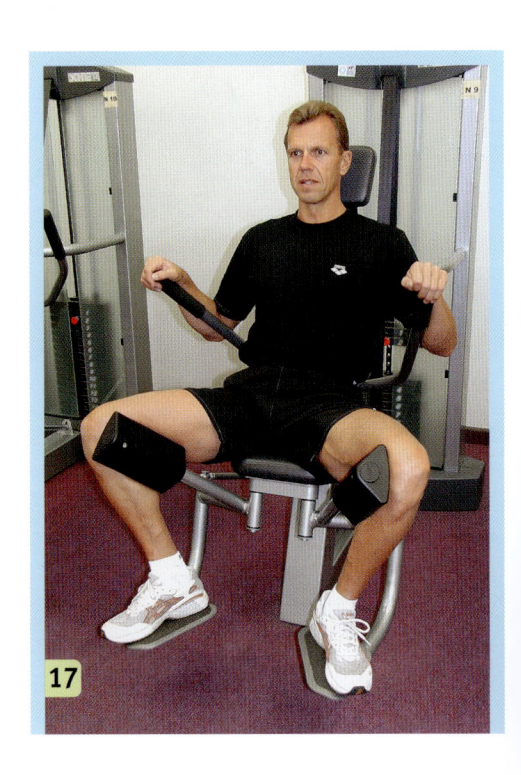

Beinpresse zur Kräftigung der Oberschenkelstreckmuskulatur und des großen Gesäßmuskels

Bedeutung
Für Startsprünge und Wendenabstoß

18 Durchführung
Setzen Sie sich bequem in die Beinpresse und stützen Sie Ihre Füße etwa hüftbreit auf die Abdruckplatte. Nachdem Sie die Sicherung entriegelt haben, werden die Beine bis zu einem Kniewinkel von 90° gebeugt. Am Ende der Streckbewegung dürfen Ihre Knie nicht durchgestreckt werden.

Variation
Füße weiter auseinander (die Adduktoren werden verstärkt trainiert).

Rudern zur Kräftigung der Rückenmuskulatur und der Armbeuger

Bedeutung
Zur Körperstabilisierung

19 Durchführung
Setzen Sie sich mit aufrechtem Oberkörper und leicht gebeugten Beinen in das Rudergerät. Positionieren Sie Ihre Füße auf den vorgesehenen Flächen. Greifen Sie mit leicht vorgebeugtem Oberkörper den Haltegriff, und richten Sie dann den Oberkörper wieder ganz auf, während Sie den Griff in Richtung Brustbein ziehen. Die Ellbogen werden so weit wie möglich nach hinten gezogen. Langsames Nachlassen.

Variation
Mit dem Thera-Band: Das Band wird über die Fußsohle geführt, und die Arme werden Richtung Brust gezogen.

Stichwortverzeichnis

Abdruckwiderstand 15
Abstoßwiderstand 15
Abtrieb, dynamischer 14
Abwärmen 125
Actio et Reactio Prinzip 16
Aktionsschnelligkeit 121
Antriebskonzept, vertexorientiertes 17
Antriebsmodelle 16
Auftrieb, dynamischer 12
Auftrieb, statischer 9 f.
Aufwärmen 119
Ausdauer 117
Ausdauertraining 122 f.
Ausrüstung 18 ff., 126

Beweglichkeitstraining 133
Brustschwimmen 32 ff.
 – Anschlag 104
 – Armzug 38
 – Atmung 40
 – Beinschlag 33
 – Fehlerverbesserung 44
 – Kippwende 100
 – Lernwege 45 ff.
 – Tauchen 42
 – Tauchzug 40
 – Wasserlage 38

Dauermethode 123
Dehnungsmethoden 194 ff.
Delphinsprung 96
Druck, hydrostatischer 8, 10

Eigenheiten des Wassers 8
Einschwimmen 119
Energiebereitstellung 115 f.
Erholung 118
Extensive Intervallmethode 124

Fahrtspielmethode 123
Fingerpaddles 26
Flossen 26
Formwiderstand 15
Freiwasserschwimmen 126
Frontalwiderstand 14

Grabstart 89
Greifstart 89

Grundlagenausdauer 117 f., 123 f.

Hilfsmittel 24

Kältereiz 12
Kippwende 98
Koordinationsmuster 63
Kopfsprung 94
Körperschwerpunkt 10
Kraftarten 145 f.
Krafttraining 145 ff.
Krafttraining mit Gerät 151 ff.
Krafttraining ohne Gerät 148 ff.
Kraulschwimmen 49 ff.
 – Antriebsphase 54
 – Armbewegung 52
 – Atmung 57 f.
 – Beinbewegung 50
 – Fehlerverbesserung 62
 – Gesamtbewegung 54
 – Kippwende 98
 – Kraul-Armzug 53
 – Lernwege 58 ff.
 – Rollwende 101
 – Sechserbeinschlag 55
 – Wasserlage 56
 – Zweierbeinschlag 55

Lagenschwimmen 107 f.
Lernweg Brust-Armzug und Atmung 45
Lernweg Brust-Beinschlag und Atmung 43
Lernweg Brust-Gesamtbewegung 47
Lernweg Kippwende 103
Lernweg Kraul-Armzug und Atmung 60
Lernweg Kraul-Beinschlag 58
Lernweg Kraulgesamtbewegung 63
Lernweg Rollwenden 104
Lernweg Rücken-Armzug und Atmung 73
Lernweg Rücken-Beinschlag 71
Lernweg Rücken-Gesamtbewegung 75
Lernweg Rückenstart 96
Lernweg Schmetterling-Armzug 86

Lernweg Schmetterling-Beinschlag 85
Lernweg Schmetterling-Gesamtbewegung 87
Lernweg Startsprung 94
Lernweg Tauchzug 47

Nasenklammer 22

Oberflächenspannung 10
Ohrenstöpsel 22

Paddles 26
Pausen 118
Poolschuhe 23
Pull-Buoy 24
Pull-Kick 25

Reaktionsschnelligkeit 122
Regeneration 115
Reibungswiderstand 16
Rollwende 101
Rücken-Rollwende 102
Rückenschwimmen 64 ff.
 – Anschlag 104
 – Armbewegung 67
 – Antriebsphase 69
 – Atmung 71
 – Beinbewegung 65
 – Fehlerverbesserung 74
 – Gesamtbewegung 70
 – Lernwege 71 ff.
 – Kippwende 102
 – Rollwende 101
 – Sechserbeinschlag 70
 – Wasserlage 70
Rückenstart 91

Salzwasser 10
Schmetterlingsschwimmen 77 ff.
 – Anschlag 104
 – Armbewegung 80
 – Atmung 84
 – Beinbewegung 78
 – Fehlerverbesserung 88
 – Gesamtbewegung 83
 – Kippwende 100
 – Lernwege 85 ff.
 – Schwungphase 81
 – Überleitende Phase 81
 – Wasserfassen 81
 – Wasserlage 83

 – Zug- und Druckphase 81
Schnelligkeit 116
Schnelligkeitsausdauer 116
Schnelligkeitsausdauer-Training 124
Schnelligkeitstraining 121
Schongymnastik 137 f.
Schwimmbad-Blackout 42
Schwimmbekleidung 18
Schwimmbretter 24
Schwimmbrille 19
Schwimmkappe 21
Spezifisches Gewicht 10
Staffelwettbewerbe 107 f.
Starts 89 ff.
 – Block 89
 – Delphinsprung 75
 – Grabstart 89
 – Greifstart 89
 – Kopfsprung 94
 – Lernwege 94 ff.
 – Rückenstart 91
Stirnwiderstand 14
Stretching 134 ff., 138 ff.

Techniktraining 120
Towel 23
Training 111 ff.
Training an Land 133
Trainingsperiodisierung 114
Trainingspläne 129 ff.
Trainingspläne, Abkürzungen 129
Trainingsplanung 112
Trainingstagebuch 115

Verwirbelungen 17
Volumenmittelpunkt 10

Wärmeleitfähigkeit des Wassers 12
Wärmeproduktion 12
Wärmeverlust 12
Wasser, Eigenheiten 8
Wasserfassen 52
Wassergefühl 17
Wassertemperatur 11
Wassertraining 119
Wellenwiderstand 15
Wenden 98 ff.
Wettkampfteilnahme 113
Widerstandsarten 13
Wirbelwiderstand 15

Über den Autor

Michael Hahn wurde am 28.05.1962 in Burghausen/Bayern geboren. 1981 nimmt er in München das Studium für das Lehramt an Gymnasien in Wirtschaftswissenschaften und Sport auf und schließt es 1987 mit dem 1. Staatsexamen ab. Nach dem 2. Staatsexamen baut er als Lehrer am Gymnasium in Ottobrunn eine schlagkräftige Schulmannschaft auf, daneben betreut er einige deutsche Spitzenschwimmer und wird in das Landeslehrteam aufgenommen. Seit seiner Berufung an die Fakultät für Sportwissenschaft der Technischen Universität München im Jahre 1995 widmet er sich als Fachleiter vermehrt der Lehre und Theorie des Schwimmsports.

Seine größten sportlichen Erfolge fallen in die frühen 1980er-Jahre. Neben vier deutschen Rekorden, drei deutschen Meistertiteln und zwei Teilnahmen an Europameisterschaften über 200-m-Lagen erreicht er auf ebendieser Strecke beim Europacup in Ankara 1983 den dritten Platz.

Bibliografische Information
Der Deutschen Bibliothek

Die Deutsche Bibliothek verzeichnet diese Publikation in der Deutschen Nationalbibliografie; detaillierte bibliografische Daten sind im Internet über htp://dnb.ddb.de abrufbar

BLV Buchverlag GmbH & Co. KG
80797 München

2., neu bearbeitete Auflage (Neuausgabe)

© 2009 BLV Buchverlag GmbH & Co. KG

Das Werk einschließlich aller seiner Teile ist urheberrechtlich geschützt. Jede Verwertung außerhalb der engen Grenzen des Urheberrechtsgesetzes ist ohne Zustimmung des Verlags unzulässig und strafbar. Das gilt insbesondere für Vervielfältigungen, Übersetzungen, Mikroverfilmungen und die Einspeicherung und Verarbeitung in elektronischen Systemen.

Dank
Ich danke der Firma ARENA sowie der Stadt Burghausen für ihre freundliche Unterstützung. Außerdem möchte ich meiner Frau für ein halbes Jahr Geduld und Mitarbeit meinen Dank aussprechen.
Der Autor

Bildnachweis
Arena International: S. 2/3
Hahn, Michael: S. 1, 5, 6/7, 13, 18, 20, 24 re., 26, 27, 28/29, 40 u., 41, 44, 46, 59, 73, 80 u., 85, 109, 110/111, 120, 127, 128, 136, 139, 140, 141, 142, 144, 148, 149, 150, 151, 152, 153, 154, 155, 156, 157
Haist, Oryk: S. 9, 11, 14, 22, 23, 24 li., 25, 32, 35, 38, 39, 40 o., 48, 51, 54, 58, 60, 64, 66, 67, 69, 72, 75, 76, 77, 78, 80, 84, 86, 88, 91, 92, 94, 95, 97, 100, 103, 106, 107, 108, 129, 133, 137, 138, 139, 141 re.
Alle Grafiken von Jörg Mair

Lektorat: Maritta Kremmler
Herstellung: Rosemarie Schmid
Satz: Uhl + Massopust, Aalen
Umschlagfotos: Martina Sandkühler/jump fotoagentur (Vorderseite), Michael Hahn (Rückseite)

Printed in Italy

ISBN 978-3-8354-0494-6

Hinweis
Das vorliegende Buch wurde sorgfältig und nach neuesten Erkenntnissen der Wissenschaft erarbeitet. Dennoch erfolgen alle Angaben ohne Gewähr. Weder Autor noch Verlag können für eventuelle Nachteile oder Schäden, die aus den im Buch gegebenen Informationen und praktischen Hinweisen resultieren, eine Haftung übernehmen.

Mehr Kraft & Beweglichkeit

JÖRN WINKLER
JÜRGEN WICHARZ

Der zuverlässige Fitnessberater

Das **CORE** Training für einen starken Rücken

blv

Jörn Winkler/Jürgen Wicharz
Das CORE-Training für einen starken Rücken
Das neue Trainingskonzept (CORE-Training = gezielte Übungen für die Rumpfmuskulatur): Rückenübungen für jedes Leistungsniveau, die Schmerzen vorbeugen und akute Beschwerden lindern · Mit Fitness-Test und Trainingsplänen.
ISBN 978-3-8354-0290-4

Bücher fürs Leben.

blv